بسم الله الرحمن الرحيم

تقرير معلومات

(21)

الاستيطان الإسرائيلي في الضفة الغربية 1993-2011

رئيس التحرير
د. محسن صالح

مدير التحرير
ربيع الدنّان

هيئة التحرير
باسم القاسم
حياة الددا
سامر حسين
صالح الشنّاط
محمد بركة

قسم الأرشيف والمعلومات

مركز الزيتونة للدراسات والاستشارات
بيروت - لبنان

Information Report (21)

Israeli Settlement Activities in the West Bank 1993-2011

Prepared By:

Archives & Information Department, Al-Zaytouna Centre

Editor:

Dr. Mohsen Moh'd Saleh

Managing Editor:

Rabie el-Dannan

بيروت - لبنان

مركز الزيتونة للدراسات والاستشارات

ص.ب: 14-5034، بيروت - لبنان

تلفون: 44 36 80 1 961+

تلفاكس: 43 36 80 1 961+

بريد إلكتروني: info@alzaytouna.net

الموقع: www.alzaytouna.net

تصميم الغلاف

محمد الفريج

إخراج

ربيع مراد

طباعة

Golden Vision sarl +961 1 820434

الاستيطان الإسرائيلي في الضفة الغربية 1993-2011

فهرس المحتويات

مقدمة 5

أولاً: لمحة تاريخية عن الاستيطان في الفترة 1967-1993: 6

1. فكرة وفلسفة الاستيطان 6

2. النشاط الاستيطاني في الفترة 1967-1993 9

3. مشاريع استيطانية إسرائيلية 11

ثانياً: النشاط الاستيطاني في الفترة 1993-2011: 16

1. المحور الشرقي (غور الأردن) 20

2. المحور الغربي (الخط الأخضر) 22

3. محور أرئيل (عابر السامرة) 23

4. الاستيطان في القدس 24

5. الأحزمة الاستيطانية: 27

أ. حزام الخليل الاستيطاني 27

ب. حزام بيت لحم الاستيطاني 28

ج. حزام رام الله الاستيطاني 29

6. البؤر الاستيطانية 30

7. الطرق الالتفافية الإسرائيلية 31

ثالثاً: آثار الاستيطان على المسار السياسي للقضية الفلسطينية: 33

1. الاستيطان ومشاريع التسوية السياسية 33

3

2. تأثير الاستيطان على المفاوضات الفلسطينية الإسرائيلية 36

رابعاً: آثار الاستيطان على التنمية الفلسطينية: 43

1. آثار الاستيطان على التنمية الاقتصادية 43

2. آثار الاستيطان على البيئة الفلسطينية 47

3. آثار الاستيطان على التنمية الاجتماعية 53

خاتمة 57

ملحق الخرائط 67

مقدمة

ارتكز المشروع الصهيوني في فلسطين على عدد من الركائز التي أسهمت في تأسيس الدولة الصهيونية فوق الأراضي الفلسطينية، وكان الاستيطان والهجرة اليهودية إلى فلسطين الأكثر أهمية في هذه الركائز، حيث عملت الحركات الصهيونية على التبكير بها. وكان الاستيطان هو التطبيق العملي لتحقيق الرؤية الصهيونية للاستيلاء على الأراضي الفلسطينية، بعد طرد سكانها الأصليين بشتى الوسائل، وعبر الترويج لمقولة "أرض بلا شعب لشعب بلا أرض"، وجلب أعداد كبيرة من يهود لإحلالهم بدلاً من الفلسطينيين.

ولأهمية الموضوع اختار قسم الأرشيف والمعلومات بمركز الزيتونة للدراسات والاستشارات، أن يخصص إصداره الحادي والعشرين من سلسلة تقرير المعلومات للحديث عن الاستيطان الإسرائيلي في الضفة الغربية خلال الفترة 1993-2011.

ويقسم التقرير إجراءات الاستيطان الإسرائيلي في هذه الفترة إلى محورين رئيسيين:

الأول: ويعرج على ذكر لمحة تاريخية للاستيطان خلال الفترة 1967-1993، في الفلسفة والفكر الصهيوني تجاه الاستيطان وكيف بدأ، مع ذكر المراحل التي مر بها، والإشارة إلى إحصاءات لتعداد المستعمرين والمستعمرات في الضفة الغربية عبر تلك المراحل.

والثاني: يسلط الضوء على النشاط الاستيطاني في الفترة 1993-2011، حيث قسم الحديث فيه إلى الثقل الاستيطاني الإسرائيلي في الضفة والذي يتمحور في: المحور الشرقي (غور الأردن)، والمحور الغربي (الخط الأخضر)، ومحور أرئيل Ariel (عابر السامرة)، والقدس، والأحزمة الاستيطانية، والبؤر الاستيطانية.

ومن ثم يتناول التقرير الحديث عن آثار الاستيطان على المسار السياسي للقضية الفلسطينية، وعلى التنمية الفلسطينية الاقتصادية، والاجتماعية، والبيئية.

أولاً: لمحة تاريخية عن الاستيطان في الفترة 1967-1993

1. فكرة وفلسفة الاستيطان:

يبني اليهود الصهاينة احتلالهم لفلسطين على مزاعم دينية وتاريخية، فيدّعون أن الله سبحانه وتعالى وعدهم هذه الأرض، ويشيرون إلى ارتباطهم التاريخي بها بحكمهم إياها زمناً، وبتواجدهم على أرضها، وارتباطهم النفسي والروحي بها، وقدسيتها عندهم. وذلك على الرغم من أنهم قد فقدوا صلتهم بفلسطين عملياً حوالي ألف وثمانمائة عام، و لم يكن لديهم سوى العاطفة الدينية التي رفض أحبارهم وحاخاماتهم وقادتهم تحويلها إلى برنامج عملي. فحكم بني إسرائيل لفلسطين كان فترة ضئيلة و لم تتجاوز الأربعة قرون على أجزاء من فلسطين، وليس كلها. أما الحكم الإسلامي فقد استمر طوال الفترة 636-1917م، قطعته لفترة ضئيلة فترة الحروب الصليبية. وإذا كان معظم اليهود قد غادر فلسطين، وانقطعت صلتهم الفعلية بها مدة 18 قرناً (منذ 135م وحتى القرن العشرين) فإن أهل فلسطين الأصليين لم يغادروها طوال الأربعة آلاف وخمسمائة سنة الماضية، إلى أن طُرد عدد كبير منهم قسراً على يد العصابات الصهيونية في سنة 1948[1].

وطوال قرون ظلَّ قدوم اليهود مرتبطاً بالعاطفة الدينية التقليدية في زيارة الأماكن المقدسة، أو السكن بجواره، كما ارتبط بمشاريع استيطانية "خيرية"، و لم يأخذ طابع البرنامج السياسي المنظم المكشوف. فقد كان عدد اليهود في فلسطين سنة 1799 نحو خمسة آلاف، وفي عام 1876 بلغ 13,920 يهودياً[2].

وفي أواخر القرن التاسع عشر قاوم يهود روسيا عمليات الدمج والتحديث الروسية، التي تميزت بالفوقية والقسر والإرهاب. وزادت مشاركة الكثير من اليهود في الحركات الثورية اليسارية من عداء الحكومة القيصرية الروسية لهم، وانفجرت العداوة ضدهم بشكل مكشوف إثر اغتيال قيصر روسيا الكسندر الثاني 1881،

والذي اتهم به اليهود. وبدأت موجة من الإجراءات العنيفة القاسية ضدهم سميت بـ"اللاسامية" anti-semitism، وقد أدى ذلك إلى نشوء "المشكلة اليهودية"؛ إذ إن ملايين اليهود في روسيا أخذوا يبحثون عن فرصة للخلاص مما هم فيه، وبدأت أعداد هائلة منهم في الهجرة إلى أوروبا الغربية وأمريكا الشمالية والجنوبية. وكانت هذه فرصة الحركة الصهيونية للظهور والدعوة إلى حل المشكلة اليهودية بإنشاء كيان آمن مستقل لليهود في فلسطين. وتعاطف الكثير من الأوروبيين والأمريكيين مع هذه الدعوة سواء لخلفياتهم الدينية، أو تخلصاً من أعباء التدفق اليهودي على أرضهم[3].

أخذت الهجرة اليهودية تتخذ طابعاً أكثر تنظيماً وكثافة منذ 1882 إثر تصاعد "المشكلة اليهودية" في روسيا، وقامت السلطات العثمانية بعدد من الإجراءات لمنع الاستيطان اليهودي في فلسطين. وعلى الرغم من أن عدد اليهود الذين تركوا بلدانهم الأصلية (خصوصاً روسيا وشرقي أوروبا) بلغ مليونين و366 ألفاً و941 شخصاً خلال الفترة (1881-1914)، إلا أن عدد من استطاع الهجرة منهم إلى فلسطين بلغ نحو 55 ألفاً، أي ما نسبته 2.32% بينما هاجرت الأغلبية الساحقة إلى الولايات المتحدة وأوروبا الغربية وأمريكا الجنوبية. وهذا يدل على نجاح نسبي للسلطات العثمانية في الحد من الهجرة اليهودية إلى فلسطين[4].

وقد كان إنشاء المنظمة الصهيونية العالمية World Zionist Organization (WZO) وانعقاد مؤتمرها الأول في بال بسويسرا 27-1897/8/29 بزعامة ثيودور هرتزل Theodor Herzl فاتحة العمل الصهيوني السياسي المؤسسي المنظم لتأسيس الدولة اليهودية على أرض فلسطين. وقد حرص هرتزل على تحقيق المشروع الصهيوني من خلال الاتصالات الدبلوماسية، ومحاولة تشجيع القوى الكبرى، وخصوصاً بريطانيا، على تبنّي هذا المشروع، في ضوء المصالح والفوائد التي يمكن أن يجنيها الغرب الاستعماري الصليبي، وقد حاول هرتزل عبثاً إقناع الدولة العثمانية ببيعه فلسطين وإعطاء اليهود حكماً ذاتياً فيها تحت السيادة العثمانية، وفتح أبواب الهجرة اليهودية إليها مقابل عروض مغرية، كانت الدولة العثمانية في أمَسّ الحاجة إليها. إلا

أن السلطان عبد الحميد الثاني وقف سداً منيعاً ضد رغبات اليهود، الذين شاركوا بفعالية في إسقاط السلطان عبد الحميد من منصبه، من خلال جمعية تركيا الفتاة وذراعها لجنة الاتحاد والترقي، والتي قامت بالانقلاب العسكري عليه، وإجباره على التنازل عن العرش. وقد استمتع اليهود بنفوذ كبير تحت حكم الاتحاد والترقي خلال الفترة (1909-1914)، حيث كان لليهود ثلاثة وزراء من أصل 13 وزيراً في حكومة الاتحاد والترقي التي تشكلت سنة 1913[5] (انظر ملحق الخرائط: خريطة رقم 1)[6].

ومع بداية الحرب العالمية الأولى 1914 كان قد بلغ عدد اليهود في فلسطين نحو 80 ألفاً، غير أن موقف اليهود الممالئ لبريطانيا وحلفائها ضد الدولة العثمانية جعل العثمانيين يضيقون عليهم فترة الحرب (1914-1918)، فانخفض عددهم مع نهايتها إلى نحو 55 ألفاً[7].

وضعت بريطانيا فلسطين تحت الحكم العسكري منذ أواخر سنة 1917 وحتى نهاية حزيران/ يونيو 1920، ثم حولتها إلى الحكم المدني، وعينت اليهودي الصهيوني هربرت صمويل Herbert Samuel أوّل "مندوب سام" لها على فلسطين (1920-1925)، حيث شرع في تنفيذ المشروع الصهيوني ميدانياً. وتابع المندوبون "السامون" المسيرة نفسها، غير أن أكثرهم سوءاً ودهاءاً ونجاحاً في التنفيذ كان آرثر واكهوب Arthur Wauchope (1931-1938) حيث وصل المشروع الصهيوني في عهده إلى درجات خطيرة. فشجعت بريطانيا الهجرة اليهودية، فزاد عدد اليهود من 55 ألفاً (8% من السكان) سنة 1918 إلى 650 ألفاً (31% من السكان) سنة 1948. وبالرغم من الجهود اليهودية – البريطانية المضنية للحصول على الأرض، إلا أن اليهود لم يتمكنوا من الحصول سوى على نحو 6.5% من فلسطين بحلول 1948، كان معظمها إما أراضٍ حكومية، أو أراضٍ باعها إقطاعيون غير فلسطينيين كانوا يقيمون في لبنان وسورية وغيرها، وقد بنى اليهود على هذه الأراضي 291 مستعمرة[8] (انظر ملحق الخرائط: خريطة رقم 2)[9].

وأسس اليهود الوكالة اليهودية سنة 1929، التي تولت شؤون اليهود في فلسطين، وأصبحت أشبه بدولة داخل دولة لما تمتعت به من صلاحيات واسعة. وأقام اليهود مؤسسات اقتصادية واجتماعية وتعليمية ضخمة، شكّلت بنية تحتية قوية للدولة اليهودية القادمة، فتأسس اتحاد العمال (الهستدروت Histadrut) وافتتحت الجامعة العبرية بالقدس سنة 1925[10].

وفي الوقت الذي كانت السلطات البريطانية تسعى حثيثاً لنزع أسلحة الفلسطينيين، فإنها غضّت الطرف، بل وشجعت سرّاً تسليح اليهود لأنفسهم، وتشكيلهم قوات عسكرية وتدريبها، بلغ عددها مع اندلاع حرب 1948 أكثر من سبعين ألف مقاتل[11]؛ مما دفع المؤسسة الصهيونية إلى وضع مخطط شامل لترحيل الفلسطينيين عرف بـ"خطة دالت" Plan Dalet (الخطة الرابعة) قبل الإعلان عن "إسرائيل". وملخصها الإسراع في طرد أكبر عدد ممكن من الفلسطينيين[12]. وقد أدت حرب 1948 إلى طرد نحو 800 ألف فلسطيني (أي نحو 57% من أبناء الشعب الفلسطيني)، وإلى سيطرة العصابات الصهيونية على 77% من أرض فلسطين، والتي أنشأت عليها الكيان الإسرائيلي.

2. النشاط الاستيطاني في الفترة 1967-1993:

استخدمت حركة الاستيطان بعد حرب سنة 1967 واحتلالها للأراضي الفلسطينية والسورية المصرية، الاستراتيجية نفسها التي اعتمدتها لفرض الوقائع على الأرض على طريقة "السور (للحماية) والبرج (للمراقبة)"[13]، ونحاول فيما يلي الحديث عن تطور الحركة الاستيطانية الإسرائيلية في الضفة الغربية خلال الفترة 1967-1993:

خلال الفترة 1967-1977 (رئاسة تجمع المعراخ للحكومة الإسرائيلية): كانت البداية في قلب البلدة القديمة من القدس، عندما جرى تدمير حي المغاربة إبان حرب 1967، وطرد سكانه، وبناء مساحة مفتوحة مكانه وإقامة الحي اليهودي، كما بوشر البناء في ثلاثين مستعمرة أقيمت في مناطق أخرى من الضفة الغربية[14].

خلال الفترة 1977-1984 (رئاسة حزب الليكود للحكومة الإسرائيلية): انطلق "الليكود"، لدى توليه السلطة في "إسرائيل" لأول مرة في سنة 1977، من مفهوم "أرض إسرائيل الكاملة". وأثمرت سياسته الاستيطانية إقامة 51 مستعمرة في الضفة الغربية في الأعوام الأربعة الأولى من حكمه، وارتفع عدد المستعمرين من بضعة آلاف في سنة 1977، إلى نحو 45 ألف مستعمر في سنة 1984[15].

خلال الفترة 1984-1990 (حكومتا الوحدة الوطنية): أكدت الخطوط الأساسية لبرنامج حكومة الوحدة الوطنية التي شكلت في سنة 1984 على ضرورة تعزيز المستعمرات القائمة، وإقامة خمس إلى ست مستعمرات خلال عام واحد، وتنفيذ قرارات الحكومات السابقة بإقامة المستعمرات التي لم تقم بعد... ووردت بنود مشابهة في الخطوط الأساسية لبرنامج حكومة الوحدة الوطنية التي شكلت في سنة 1988، لكن مع زيادة المستعمرات التي ستقام في عام واحد إلى 5-8 مستعمرات. أدت هذه السياسة إلى زيادة عدد المستعمرات في الضفة الغربية باستثناء القدس في سنة 1990 إلى نحو 150 مستعمرة، يقطن فيها 90 ألف مستعمر تقريباً[16].

خلال الفترة 1990-1992 (رئاسة حزب الليكود للحكومة الإسرائيلية): مع استفراد "الليكود" بالحكم مجدداً، وتدفق المهاجرين اليهود الروس، تبنت الحكومة الإسرائيلية خطة استيطانية شاملة قدمها وزير البناء والإسكان أريل شارون Ariel Sharon. وقد أدى هذا إلى قفزة استيطانية؛ ففي حين بدئ ببناء 1,320 وحدة سكنية في سنة 1989 و1800 في سنة 1990، قفز العدد إلى 9 آلاف وحدة سكنية في سنة 1991. وفي سنة 1992، وصل عدد المستعمرين إلى 110 آلاف مستعمر في الضفة الغربية (باستثناء القدس) وقطاع غزة، في حين بلغ عددهم في القدس 141 ألف نسمة[17].

وقدر مركز المعلومات الإسرائيلي لحقوق الإنسان في الأراضي المحتلة (بتسيلم) The Israeli Information Center for Human Rights in the Occupied Territories – B'Tselem في تقرير له أن عدد المستعمرات في الضفة الغربية في

سنة 1993 بلغ 120 مستعمرة، وعدد المستعمرين 110,900 مستعمر[18] (انظر ملحق الخرائط: خريطة رقم 3)[19].

3. مشاريع استيطانية إسرائيلية:

تبنى حزبا العمل والليكود الإسرائيليان، تنفيذ مشاريع استيطانية إسرائيلية أدت إلى تغيير التركيبة السياسية، الاجتماعية الإسرائيلية في الضفة الغربية وقطاع غزة، وأهم هذه المشاريع هي:

• **مشروع ألون Allon/ حزب العمل 1967-1976:** اقترح هذا المشروع وزير العدل الإسرائيلي في ذلك الوقت يغئال ألون Yigal Allon. وقد دعا ألون في مشروعه إلى ضم مناطق معينة من الأراضي المحتلة إلى "إسرائيل" كجزء لا يتجزأ من سيادتها، وهي "شريط يتراوح عرضه بين 10 و15 كم تقريباً على امتداد غور الأردن"، وشريط عرضه بضعة كيلومترات تجري دراسته على الطبيعة من شمالي طريق المواصلات بين القدس والبحر الميت، بحيث يتصل في مكان ما بالمنطقة الواقعة شمالي طريق عطروت – بيت حورون – اللطرون Atarot-Beit Horon-Latrun، بما في ذلك منطقة اللطرون، وأيضاً جبل الخليل بسكانه أو "صحراء يهودا" على الأقل، من مشارف الخليل الشرقية حتى البحر الميت والنقب. وقد لاقت خطة ألون قبولاً ودعماً من جانب الصهيونيين التقليديين، وظلت خطته الإطار الأساسي لسياسة المعراخ Maarakh الاستيطانية[20].

• **وثيقة جاليلي ومشروعه:** تنسب هذه الوثيقة إلى وزير العمل الإسرائيلي يسرائيل جليلي Yisrael Galili، وقد تضمنت نصوصاً عدة تتعلق بالاستيطان، أهمها: وجوب توسيع دائرة شراء الأراضي والأملاك في المناطق المحتلة من قبل مديرية عقارات "إسرائيل"، والعمل على تطوير سياسة الاستيطان وذلك من خلال إقامة مستعمرات جديدة، وتعزيز المستعمرات القائمة، وخصوصاً في شمال البحر الميت، وفي غور الأردن، وجوش عتسيون. وقد عدلت هذه الوثيقة من خلال وثيقة

أخرى أقرها حزب العمل الإسرائيلي في سنة 1974 كبرنامج انتخابي لكي يتلاءم مع مستجدات حرب 1973، وقد أطلق عليها وثيقة الأربعة عشر بنداً، وهي لا تختلف عن وثيقة جاليلي، غير أنها لم تحدد أماكن الاستيطان تاركة ذلك للحكومة لتقرر كل حالة على حدة[21].

• **خطة غوش أمونيم Gush Emunim:** وهي حركة دينية قومية غير برلمانية تنادي بفرض السيادة الإسرائيلية على الضفة الغربية وقطاع غزة[22]، ظهرت في أعقاب حرب 1973، بهدف الإسراع بالاستيطان "في جميع أرض إسرائيل"، وقد أصبحت هذه الحركة هي القوة الأساسية المحركة للنشاط الاستيطاني خلال الفترة 1975-1977، حيث قادت ما أطلق عليه اصطلاح "الاستيطان غير الرسمي". وقد طرحت هذه الحركة في 1976/11/11 مشروعاً استيطانياً يدعو إلى توطين مليون يهودي خلال عشرة أعوام في مائة موقع في أنحاء مختلفة من الضفة الغربية[23]. وتحقيق الأهداف الأمنية التالية:

أ. المحافظة على عمق البلاد من نهر الأردن وحتى السهل الساحلي.

ب. السيطرة على سلسلة الجبال في الضفة الغربية.

ج. إنشاء شبكة واسعة من الطرق لربط المستعمرات[24].

• **مشروع ماتتياهو دروبلس Mates Drobles:** وضع هذه الخطة ماتتياهو دروبلس أحد رؤساء قسم الاستيطان في المنظمة الصهيونية العالمية، المختصة باستيطان المناطق المحتلة. وتقضي هذه الخطة بالاستيلاء على الأراضي من أجل الاستيطان بين التجمعات العربية السكانية وحولها، للحيلولة دون قيام دولة فلسطينية فيها، إذ ستعمل المستعمرات الإسرائيلية على تجزئة المناطق العربية، فتفشل في الترابط مرة أخرى. وتهدف الخطة إلى جلب 120-150 ألف مستعمر للسكن فيها، وذلك بالبناء في شكل كتل استيطانية مترابطة[25].

• **مشروع أريل شارون Ariel Sharon (النجوم السبعة):** يهدف المشروع إلى إقامة قطاع استيطاني؛ لفصل شمال الضفة الغربية عن جنوبها، وتركيز الاستيطان في المناطق الغربية (السفوح الغربية)؛ لدعم المناطق الساحلية، بالإضافة إلى مجموعة من المشاريع الاستيطانية داخل "إسرائيل"[26].

• **مشروع نتنياهو/ مشروع ألون المعدل:** أعلن رئيس الوزراء الإسرائيلي بنيامين نتنياهو Benjamin Netanyahu في 1997/3/21، عن خطة تتلخص نقاطها العامة فيما يلي:

أ. إعطاء الفلسطينيين 45-50% من أراضي الضفة الغربية، دون أن يمس ذلك بالمناطق "الحيوية المهمة"، ومناطق الغور، وجوش عتسيون، و"القدس الكبرى"، وقطاع خط التماس، وأغلبية المستعمرات (حسب خريطة المصالح الأمنية التي قدمها الجيش للحكومة).

ب. تفكيك جزء من المستعمرات البعيدة والنائية، التي يحولها بقاؤها إلى جيوب داخل السلطة الفلسطينية.

ج. عدم التنازل عن السيادة الكاملة على القدس[27].

• **خطة الخطوط الحمراء (يهود هرئيل Yehuda Harel):** وتهدف هذه الخطة إلى:

أ. الفصل بين المستعمرين اليهود، والسكان الفلسطينيين في الضفة الغربية وقطاع غزة.

ب. انسحاب الجيش الإسرائيلي من المناطق التي يكون فيها أغلبية السكان من الفلسطينيين.

ج. مناطق القدس الكبرى ومستعمرات جوش عتسيون وغور الأردن ومستعمرات غوش قطيف Gush Katif في قطاع غزة، تضم كلياً إلى السيادة الإسرائيلية.

د. بقاء غالبية المستعمرات الأخرى تحت سيطرة إسرائيلية كاملة[28].

13

• **مشروع حزب الطريق الثالث:** يهدف هذا المشروع إلى حصر التجمعات العربية في كتل مفصولة عن بعضها البعض، مع وضع مناطق الغور واللطرون والقدس وجنوب غربي نابلس وجنين، بالإضافة إلى مناطق عازلة على طول الحدود للقرى الفلسطينية الواقعة على الخط الأخضر، تحت السيطرة الإسرائيلية[29].

• **مجموعة أوزيفشالوم Ozevshalom (اليهود الأرثوذكس والمستعمرون):** تقضي خطة هذه المجموعة بضم 6% من الأراضي العربية بدون سكان، بدءاً من الشمال إلى الجنوب، بحيث تشكل المستعمرات كتلاً تصل بينها طرق[30].

• **مشروع يوسي ألفر[31] Yossi Alpher:** تقضي خطة ألفر بأن يتم تجميع المستعمرات والمستعمرين بدءاً من منطقة قلقيلية، وحتى منطقة جوش عتسيون، بشريط يصل أحياناً إلى 15 كم عمقاً (منطقة غرب نابلس ورام الله)، بالإضافة إلى منطقة القدس[32].

• **خطة قيادة المنطقة الوسطى للعمل الدائم:** تم تقسيم الضفة الغربية إلى مجموعة من الألوان:

أ. اللون الأخضر: مناطق مطلوبة لأسباب أمنية، وتمتد على طول الخط الأخضر ومنطقة الغور، ومسألة السيادة ستبقى مفتوحة.

ب. اللون الأزرق: كتل استيطانية يهودية في منطقة الحكم الذاتي (كريات أربع Kiryat Arba، بيت حجاي Beit Hagai، منطقة جبل الخليل)[33].

• **مشروع شارون (العمود الفقري المزدوج):** كان يعرف هذا المشروع في بداية الأمر بمشروع فوخمان، وذلك نسبة إلى أبراهام فوخمان Abraham Fuchman، الأستاذ في معهد الهندسة التطبيقية في حيفا، وقد أطلق عليه "مشروع العمود الفقري المزدوج" لأنه وفقاً لهذا المشروع ستكون "إسرائيل" بمثابة جسر يتكون من عمودين

فقريين: الأول هو القائم على امتداد السهل الساحلي، والثاني سوف يقام على امتداد نهر الأردن، وبذلك ستكون الضفة الغربية وسط هذين العمودين كجيب عربي محاط بالمستعمرات الإسرائيلية التي ستضم، وفقاً لتقديراته، خلال عشرين سنة ما بين سبعة وتسعة ملايين مستعمر يهودي. وبعد أن صعد الليكود إلى الحكم، تولى أريل شارون رئاسة اللجنة الوزارية العليا للشؤون الاستيطانية، وبذلك أصبح هو المسؤول التنفيذي عن مشاريع الاستيطان، وبدأ بتبني مشروع فوخمان وتنفيذه، والذي اشتهر فيما بعد بمشروع شارون[34].

ثانياً: النشاط الاستيطاني في الفترة 1993-2011

نتناول فيما يلي تطور النشاط الاستيطاني الإسرائيلي في الضفة الغربية خلال الفترة 1993-2011، مع الإشارة إلى أن إحصائيات الاستيطان الإسرائيلي (أعداد المستعمرين والمستعمرات) هي تقديرية وتختلف من مصدر لآخر، وذلك بسبب الغموض والسرية اللذين يحيطان بالنشاط الاستيطاني؛ حيث تشير إحصائيات الجهاز المركزي للإحصاء الفلسطيني إلى أن عدد المستعمرين في الضفة الغربية قد تضاعف أكثر من أربعين مرة خلال السنوات 1972–2010؛ حيث بلغ عددهم 518,974 مستعمراً في نهاية 2010، ويسكنون في 144 مستعمرة، منها 26 مستعمرة في محافظة القدس لوحدها، منها 16 مستعمرة تم ضمها لـ"إسرائيل"، و24 مستعمرة في محافظة رام الله والبيرة. كما تشير البيانات إلى أن معظم المستعمرين يتركزون في محافظة القدس، حيث بلغت نسبتهم 51% من مجموع المستعمرين، بواقع 262,493 مستعمراً، يلي ذلك عدد المستعمرين في محافظة رام الله والبيرة 96,364 مستعمراً، ومحافظة بيت لحم 56,202 من المستعمرين، ثم محافظة سلفيت 33,159 مستعمراً[35].

وأشار تقرير لمركز بتسيلم، أصدره في منتصف 2010، إلى أن حوالي نصف مليون مستعمر إسرائيلي يعيشون في الضفة الغربية، أكثر من 300 ألف منهم يعيشون في 121 مستعمرة اعترفت بها وزارة الداخلية الإسرائيلية كبلدات إسرائيلية، وحوالي مائة بؤرة استيطانية Outpost غير معترف بها من قبل الحكومة الإسرائيلية، وتسيطر هذه المستعمرات والبؤر الاستيطانية على حوالي 42% من أراضي الضفة؛ أما الباقي فإنهم يعيشون في 12 مستعمرة ضمتها "إسرائيل" إلى منطقة نفوذ بلدية القدس. وأشارت بتسيلم، في تقريرها، إلى أنها وجدت أن 21% من المساحات المبنية داخل المستعمرات هي أراض تعدّها "إسرائيل" ممتلكات فلسطينية ذات ملكية فردية[36].

وذكر تقرير أصدره معهد الأبحاث التطبيقية – القدس (أريج) في نيسان/ أبريل 2011 أن عدد المستعمرات الإسرائيلية في الضفة الغربية بلغ 199 مستعمرة

و232 بؤرة استيطانية. وأشار إلى أن عدد المستعمرين هو أكثر من 560 ألف مستعمر، منهم 238 ألف يعيشون في مستعمرات شرقي القدس[37].

عدد المستعمرات الإسرائيلية حسب المحافظة في نهاية 2010[38]

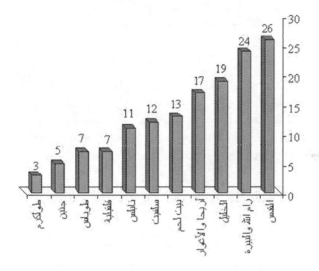

عدد المستعمرين في المستعمرات الإسرائيلية في نهاية 2010 (بالألف)[39]

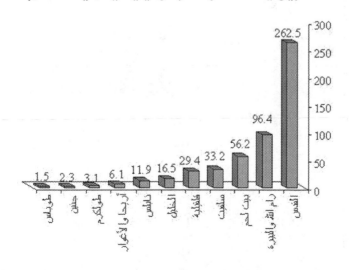

جدول رقم (1): عدد المستعمرين في المستعمرات حسب السنة والمنطقة خلال الفترة 2005-2010[40]

السنة	المنطقة		
	الضفة الغربية*	القدس (J1)	الضفة الغربية
2005	260,916	187,573	448,489
2006	274,885	190,534	465,419
2007	288,726	193,485	482,211
**2008	**304,283	**197,071	**501,354
**2009	**318,971	**192,768	**511,739
2010	322,796	196,178	518,974

* البيانات لا تشمل ذلك الجزء من محافظة القدس والذي ضمته "إسرائيل" عنوة بعيد احتلالها للضفة الغربية في سنة 1967.

** بيانات منقحة.

وتجدر الإشارة هنا إلى أن عمليات الاستيطان الإسرائيلي تواصلت وازدادت وتيرتها على الرغم من إعلان رئيس الوزراء الإسرائيلي بنيامين نتنياهو فترة تجميد بدأت في 2009/11/25 واستمرت لمدة عشرة أشهر، حيث كشف التحليل الذي أجراه معهد الأبحاث التطبيقية – القدس (أريج) للصور الجوية لسنة 2010 أن "إسرائيل" قامت خلال تلك الفترة ببناء 1,819 بناية في الضفة الغربية بما في ذلك مدينة القدس، تشمل 7,276 وحدة سكنية تم بنائها على مساحة 902 ألف م^2، هذا إلى جانب إضافة 1,433 من البيوت المتنقلة (كرفانات)[41].

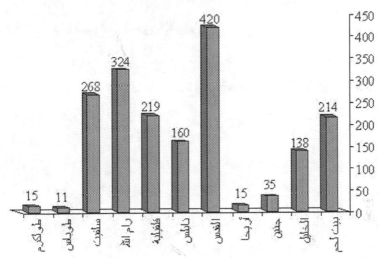

عدد البنايات التي تمّت إضافتها للمستعمرات الإسرائيلية في الضفة خلال فترة التجميد 2009-2010[42]

تركز البناء الاستيطاني خلال فترة التجميد في المستعمرات الواقعة غرب الجدار الفاصل (المنطقة الواقعة بين الجدار والخط الأخضر – خط الهدنة لسنة 1949)، حيث شكلت عمليات البناء ما مساحته 698.56 دونماً من الأراضي أي 73.3% من مجموع ما تمّ بناؤه خلال تلك الفترة. وشكلت عمليات البناء في المستعمرات الواقعة شرقي الجدار ما مساحته 203.81 دونماً أي 26.7% من مجموع ما تمّ بناؤه خلال الفترة نفسها. كما تركز الاستيطان بشكل كبير في محافظات القدس بنسبة 23.1%، وبمحافظة رام الله بنسبة 17.8%[43].

وتظهر دراسة أعدّها معهد أريج في آب/ أغسطس 2009، أن "إسرائيل" قامت خلال الفترة 2006-2009 ببناء 311 كرافاناً و1,416 مبنى في المستعمرات الواقعة غرب الجدار؛ هذا بالإضافة إلى 644 كرافاناً جديداً و371 مبنى جديداً في المستعمرات الواقعة شرق الجدار[44].

وتقع مستعمرات الضفة الغربية على ثلاثة محاور رئيسية، بالإضافة إلى توزع الباقي على كل مناطق الضفة الغربية في كتل وأحزمة استيطانية لخنق المدن الرئيسية،

فلا توجد مدينة فلسطينية إلا وأحاطتها المستعمرات. وهدف هذه الأحزمة تطويق المدن ومنع التواصل فيما بينها.

1. المحور الشرقي (غور الأردن):

تقع منطقة الأغوار في الجزء الشرقي من الضفة الغربية، وتمتد من محافظة أريحا في الجنوب إلى محافظة طوباس في الشمال، ومن شواطئ البحر الميت في الشرق وحتى المنحدرات الغربية لمحافظتي طوباس وأريحا في الغرب. وتحتل منطقة الأغوار ما مساحته 840.9 كم²، أي ما نسبته 14.9% من مساحة الضفة الغربية. وتعدّ منطقة الأغوار المورد الأساسي للمنتجات الزراعية في الضفة الغربية وسلة الغذاء الفلسطيني بسبب غناها بالموارد المائية الجوفية والسطحية.

تعود المخططات الإسرائيلية لفصل منطقة الأغوار عن بقية محافظات الضفة الغربية إلى سنة 1967، عقب الاحتلال الإسرائيلي حيث تم التعامل مع هذا المقطع بشكل مختلف عن بقية الأراضي الفلسطينية المحتلة في سنة 1967، حيث أخضع جيش الاحتلال الإسرائيلي هذا المقطع لقوانين إسرائيلية خاصة، هذا بالإضافة إلى إعلان أجزاء كبير منه "كمناطق عسكرية مغلقة". كما تم الاستحواذ على مساحات شاسعة أخرى لغرض إقامة القواعد العسكرية وبناء المستعمرات على الأراضي بموجب قانون أملاك الغائبين[45].

وقد صرح الخبير المقدسي خليل التفكجي أن ضم الأغوار يحقق لـ"إسرائيل" خمسة أهداف هي:

- السيطرة على حوض المياه الجوفي الشرقي.

- القضاء على إمكانية إقامة دولة فلسطينية مستقلة.

- منع التواصل الجغرافي بين الضفة والأردن.

- القضاء على إمكانات التوسع العمراني والزراعي والصناعي.

- حرمان الفلسطينيين من الوصول للبحر الميت[46].

نصت اتفاقية أوسلو الثانية المؤقتة والموقعة في 1995/9/28 على الانسحاب الإسرائيلي من الأراضي الفلسطينية في الضفة الغربية وتصنيف الأراضي إلى مناطق "أ" ومناطق "ب" ومناطق "ج"، حيث تخضع مناطق "أ" للسيطرة الفلسطينية الكاملة، أما مناطق "ب"، فتقع المسؤولية فيها عن النظام العام على عاتق السلطة الفلسطينية وتبقى لـ"إسرائيل" السلطة الكاملة على الأمور الأمنية، والجدير بالذكر أنّ غالبية السكان يتمركزون في مناطق "أ" و"ب" والتي تشكل 8.4% فقط من المساحة الكلية لمنطقة الأغوار. أما مناطق "ج" فتخضع للسيادة الإسرائيلية الكاملة حيث يمنع البناء الفلسطيني فيها أو الاستفادة منها بأي شكل من الأشكال إلا بتصريح صادر عن السلطات الإسرائيلية المختصة[47].

في حزيران/ يونيو 2002 بدأت السلطات الإسرائيلية بتنفيذ سياسة العزل الأحادية الجانب بين الأراضي الفلسطينية المحتلة سنة 1948 والضفة الغربية من خلال إيجاد منطقة عزل في الجزء الغربي من الضفة الغربية، تمتد من شمالها إلى جنوبها. كما عمدت "إسرائيل" إلى فرض منطقة عزل شرقية على طول امتداد منطقة غور الأردن، وذلك من خلال إحكام سيطرة الجيش الإسرائيلي على كافة الطرق المؤدية إلى المنطقة الشرقية من الضفة الغربية. وتبلغ مساحة منطقة العزل الشرقية 1,664 كم² وتشكل ما نسبته 29.4% من مساحة الضفة الغربية، وتبلغ مساحة المناطق الزراعية التابعة للمستعمرات الإسرائيلية في منطقة العزل الشرقية 64 كم². وخلال الفترة 1967-2010 تمكن الاحتلال الإسرائيلي من بناء 38 مستعمرة في منطقة العزل الشرقية، موزعة على محافظات القدس وأريحا وطوباس ورام الله وبيت لحم ونابلس، ويقطنها ما يزيد عن 13 ألف مستعمر[48].

في 2009/12/12، صادق مجلس الوزراء الإسرائيلي على خريطة جديدة للمناطق ذات الأولوية الوطنية في "إسرائيل"، وتقرر منح اعتمادات إضافية لـ 90 مستعمرة، منها 29 تقع في منطقة العزل الشرقية[49].

ولم يقتصر الاستيلاء على الأراضي الفلسطينية لبناء المستعمرات الإسرائيلية فقط، بل قام المستعمرون بإقامة 32 بؤرة استيطانية في منطقة العزل الشرقية. كما قامت قوات الاحتلال الإسرائيلي ببناء 133 قاعدة عسكرية إسرائيلية، تحتل ما مساحته 33.2 كم²، في منطقة العزل الشرقية لحماية المستعمرات[50].

2. المحور الغربي (الخط الأخضر):

تنتشر مستعمرات المحور الغربي في المنطقة المحاذية لخط الهدنة (الخط الأخضر)، ولا تبعد معظمها بأكثر من ثلاثة كيلومترات عن الخط المذكور، وقد بدأت عملية الاستيطان فيه في سنة 1971، حيث أقيمت ثلاث مستعمرات بين سنتي 1971 و1974، وذلك بناء على خطة يغئال ألون[51]. ويضم المحور نحو أربعين مستعمرة، عدا تلك التي تحيط بمدينة القدس، ويبدأ من مجموعة المستعمرات الغربية التي أقيمت في محافظة جنين وهي مستعمرات ريحان Reihan، شاكيد Shaked، وحينانيت Hinanit شمالاً إلى مستعمرات تينا Teena وشيمعا Shim'a في محافظة الخليل جنوباً. يضم هذا المحور ثلاث كتل استيطانية كبرى تعدّ أكبر التجمعات الاستيطانية في الضفة الغربية من حيث عدد المستعمرين[52] وهي:

• **كتلة جوش عتسيون:** بين مدينة الخليل وبيت لحم، وتتكون من 22 مستعمرة، يعيش فيها حوالي 70 ألف مستعمر[53]، وأبرز مستعمراتها هي مجدال عوز Migdal Oz، كفر عصيون Kfar Etzion، إفرات Efrat، ألون شيفوت Alon Shvut، بات عين Bat Ayin، اليعازر El'azar، روش تسوريم Rosh Tzurim، نيفيه دنيئيل Neve Daniel، بيتار عيليت Beitar Illit.

• **غلاف القدس:** وهو أكبر التجمعات الاستيطانية الإسرائيلية في الضفة الغربية على الإطلاق؛ وسيتم التطرق إلى هذه التجمعات بشكل مفصل عند الحديث عن حزام القدس الاستيطاني في مكان لاحق من التقرير.

22

• **كتلة موديعين عيليت Modiin Illit**: وتقع بين مدينة القدس ورام الله، وبلغ عدد سكانها 48,100 مستعمر في نهاية 2010[54]، وأهم مستعمراتها: لبيد Lapid، منورا Menorah، حشمونئيم Hashmonaim، متتياهو Matityahu، موديعين عيليت، مكابيم Maccabim...[55].

ويعدّ هذا المحور ذو أهمية استراتيجية كبرى بالنسبة لـ"إسرائيل" للأسباب التالية[56]:

• **أسباب أمنية**: يشكل حائطاً استيطانياً يعزل السكان الفلسطينيين في الضفة الغربية عن الأراضي المحتلة سنة 1948، خاصة بعد استكمال بناء جدار الفصل العنصري.

• **أسباب اقتصادية**: تقوم مستعمرات هذا المحور على أكبر أحواض المياه الجوفية العذبة في الضفة الغربية (الحوض الغربي) لتمكين "إسرائيل" من ضخ كميات كبيرة من مياهه لاستخداماتها الزراعية في الوقت الذي تحرم فيه الفلسطينيين من هذه المياه.

• **أسباب توسعية**: تسعى "إسرائيل" إلى ضم الأراضي التي تقام عليها مستعمرات هذا المحور؛ كما سيعمل هذا المحور على تمزيق الأراضي الفلسطينية، وتقطيع أوصالها، خاصة بعد استكمال بناء جدار الفصل العنصري.

• **أسباب سياسية**: سيعمل هذا المحور على عرقلة أي عملية تسوية سلمية بين الجانب الفلسطيني والجانب الإسرائيلي.

3. محور أرئيل (عابر السامرة):

يمتد هذا المحور على طول الطريق الذي يبدأ من بلدة كَفْر قاسم القريبة من خط الهدنة غرباً، ويتجه إلى الشرق مخترقاً منطقة سلفيت ليتقاطع مع الطريق الرئيسي (رام الله – نابلس) بالقرب من بلدة زعترة، ثم يواصل امتداده شرقاً ليلتقي مع الطريق الرئيسي في منطقة الغور، الذي يمتد على طول الغور مخترقاً مدينة أريحا. وقد كثفت

"إسرائيل" من مستعمراتها على طول هذا المحور والمناطق القريبة حيث أقامت 17 مستعمرة، منها مستعمرة أرئيل، وهي أكبر المستعمرات الإسرائيلية في الضفة الغربية، والتي أقرت الحكومة الإسرائيلية جعلها مدينة[57]، ويسكن فيها 17.7 ألف مستعمر حتى نهاية 2010[58].

وتكمن خطورة هذا المحور في عدة أسباب هي[59]:

- أنه يستطيع تقسيم الضفة الغربية إلى قسمين، قسم شمالي ويضم محافظات جنين وطولكرم ونابلس وقلقيلية، ومنطقتي طوباس وسلفيت، وقسم جنوبي يضم محافظات رام الله والقدس وأريحا وبيت لحم والخليل.

- يمكن هذا المحور "إسرائيل" والمستعمرات الواقعة عليه بسرعة وسهولة الوصول إلى منطقة الغور، كما يمكنها بسرعة التحرك عسكرياً على طول هذا المحور عند نشوب أية أزمة مع الدول العربية، (انظر ملحق الخرائط: خريطة رقم 4)[60].

4. الاستيطان في القدس:

اعتمدت "إسرائيل" سياسة الخطوات التدريجية المتتابعة في السيطرة على القدس، وتدمير تراثها الحضاري والثقافي، استكمالاً للواقع الاستيطاني اليهودي الذي فرضته الصهيونية حتى سنة 1948، خارج أسوار القدس، في المنطقة التي سميت "القدس الغربية"، وضمّ الشطر الغربي للمدينة رسمياً سنة 1950، بعد اتفاقية الهدنة الإسرائيلية - الأردنية سنة 1949. وتطلعت "إسرائيل" إلى التهام منطقة القدس بكاملها، إلى أن انتقلت عملية احتلال القدس إلى مرحلة جديدة، بعد حرب حزيران/ يونيو 1967. وأعلنت "إسرائيل" عن توحيد شطري القدس بتاريخ 1967/6/28[61].

وقد أجرت "إسرائيل" منذ احتلالها للمدينة المقدسة تغييرات كثيرة في طبيعة المدينة وتركيبتها السكانية، فصادرت آلاف الدونمات، وأقامت عشرات المستعمرات. فعقب احتلال "إسرائيل" لشرقي القدس قامت قوات الاحتلال بفرض واقع جديد

على حدود بلدية القدس في سنة 1967، حيث زادت من المساحة التي تسيطر عليها من 6.5 كم² ما قبل سنة 1967 إلى 71 كم². وفي سنة 1993 قامت سلطات الاحتلال بإحداث توسع جديد على حدود مدينة القدس حيث أصبحت مساحتها 130 كم². وفي سنة 2005 أقرت لجنة تخطيط المدينة وبلدية القدس المخطط الهيكلي "القدس 2000-2020"، والذي يوسع الحدود الغربية للمدينة بحوالي 40%، ووفقاً للمخطط فإن أكثر من نصف الجزء الشرقي من القدس صنف على أنه مناطق عمرانية وصنف 24.4% من مساحة الأراضي كمناطق خضراء وساحات عامة[62].

وفي سنة 2008 أعلنت بلدية القدس عبر ناطقها الإعلامي، ولأول مرة منذ سنة 1967، بأنها ستقوم ببناء 31,990 وحدة استيطانية بالقدس، ضمن مشروعها لإحداث تغيير سكاني للصالح الإسرائيلي[63]. وفي أيلول/ سبتمبر 2008 تم الكشف عن مخطط إقليم القدس بعدما أقر الكنيست الإسرائيلي مشروع قرار القدس الموحدة عاصمة الشعب اليهودي بقراءته الأولى[64].

في 2009/11/25 أعلن رئيس وزراء الاحتلال عن تجميد الاستيطان في الضفة الغربية باستثناء القدس. وقد اتخذت حكومة الاحتلال وبلديته في القدس خلال فترة التعليق قرارات متسارعة للاستيطان في المدينة، بدا وكأنها تحاول من خلالها أن تعوض عن تجميد الاستيطان الشكلي في الضفة الغربية. وقد بلغ إجمالي ما نفذ من وحدات سكنية في القدس خلال فترة "التجميد"، والتي استمرت لمدة عشرة أشهر، 700 وحدة استيطانية، بينما أحيلت عقود 392 وحدة للتنفيذ، وأقرت خطط لبناء 3,010 وحدات سكنية في المدينة[65]. ومع اقتراب نهاية فترة "تجميد الاستيطان" في 2010/9/27 أعلنت الحكومة الإسرائيلية عن مجموعة ضخمة من التوسعات الاستيطانية تصل إلى 37,684 وحدة سكنية[66] بينها نحو 12,050 وحدة في مدينة القدس[67].

وتركزت كبرى التوسعات الاستيطانية في القدس في سنة 2010 في نقاط محددة أبرزها مستعمرة رامات شلومو Ramat Shlomo شمالاً، والتي أقرت توسعتها

25

بـ 1,600 وحدة سكنية، تمتد باتجاه غربي القدس أملاً في زيادة إقبال اليهود للسكن في هذه المستعمرة[68]، كما أُقرت كذلك توسعة تصل بين مستعمرتي بسجات زئيف Pisgat Ze'ev ونيفيه يعكوف Neve Yakov وتضم نحو 600 وحدة استيطانية[69]. أما المستعمرات الجنوبية فقد نالها نصيب من التوسعة حيث أقرّ في 2010/11/11 مشروع لبناء فندق يضم 130 غرفة في مستعمرة جيلو Gilo[70]، كما أقرّ إضافة ثلاثة آلاف وحدة سكنية لهذه المستعمرة[71]. مستعمرة هار حوما Har Homa التجمع السكاني الأسرع نمواً شرق القدس تقرر إضافة 1,025 وحدة سكنية لها، بينها 983 ستضاف إلى بؤرة جديدة باسم "هار حوما ج" تُلحق بالمستعمرة[72].

كما تم الإعلان خلال سنة 2010 عن مستعمرات جديدة في القدس، وأهمها مستعمرة معاليه هزيتيم Ma'ale Hazitim، التي بدأ العمل المكثف في إنشائها مطلع شباط/ فبراير 2010، حيث كشفت مؤسسة الأقصى عن حملة ترويجية لهذه المستعمرة عنوانها "متع ناظريك بجبل الهيكل"[73]، وتقع هذه المستعمرة في المنطقة الواصلة بين جبل الزيتون ورأس العمود، وأعلن في تشرين الثاني/ نوفمبر 2010 عن استجلاب 66 عائلة يهودية للسكن في القسم الثاني من هذه المستعمرة بعد اكتماله، ليصبح عدد العائلات القاطنة فيها 250 عائلة[74]. أما المستعمرة الثانية التي أعلن عن الشروع في إنشائها خلال 2010 فهي مستعمرة جفعات هماتوس Givat HaMatos، التي بدأ إنشاؤها على أراضي بلدة بيت صفافا جنوبي المدينة وتقدر الوحدات السكنية المخطط لإقامتها في هذه المستعمرة 3,500 وحدة سكنية[75]. والمستعمرة الثالثة هي مستعمرة جفعات يائيل Givat Yael، والتي من المخطط إقامتها على مساحة تزيد عن 2,500 دونم من أراضي بلدة الولجة جنوب غرب القدس[76].

ويذكر بأن الجيش الإسرائيلي قد أتم بناء 473 كم بنسبة 61% من الجدار حتى نهاية سنة 2010، ويقع معظمها في محيط محافظة القدس، حيث تسعى "إسرائيل" إلى إعادة تعريف حدود المدينة بالجدار الفاصل، ضمن المشروع الذي تطلق عليه "القدس الكبرى"،

والذي سيضع ثلاثة تجمعات استيطانية كبرى هي جفعات زئيف Givat Ze'ev شمال القدس، وتجمع معاليه أدوميم Ma'ale Adumim شرق القدس، وتجمع غوش عتصيون جنوب غرب القدس[77]، (انظر ملحق الخرائط: خريطة رقم 5)[78].

وتشير إحصائيات الجهاز المركزي للإحصاء الفلسطيني إلى أن عدد المستعمرين في محافظة القدس في نهاية 2010 قد بلغ 262,493 مستعمراً، منهم 196,178 مستعمراً في ذلك الجزء من محافظة القدس الذي ضمته "إسرائيل" بعيد احتلالها للضفة الغربية سنة 1967، ويسكنون في 26 مستعمرة، منها 16 تم ضمها لـ"إسرائيل". وتشير البيانات إلى أن معظم المستعمرين يتركزون في محافظة القدس، حيث بلغت نسبتهم 51% من مجموع المستعمرين في الضفة الغربية[79].

5. الأحزمة الاستيطانية:

أ. حزام الخليل الاستيطاني:

بعد حرب 1967 تنافست الحكومات الإسرائيلية على بناء المستعمرات في الضفة الغربية وقطاع غزة، وكانت مدينة الخليل من أهم المناطق التي تركز فيها الاستيطان، وذلك لما تمثله المدينة من قدسية لدى اليهود... ويظهر ذلك من خلال المشاريع الاستيطانية التي أطلقت، وأبرزها خطة ألون، التي دعت إلى ضم جزء من الأراضي التي احتلت في سنة 1967 إلى "إسرائيل" كجزء لا يتجزأ من سيادتها، ومن ضمن هذه الأراضي جبل الخليل، وصحراء يهودا من مشارف الخليل الشرقية حتى البحر الميت والنقب[80]... وخطط غوش إمونيم، والتي اقترحت في سنة 1980 خطة تنص على إقامة 15 مستعمرة جديدة في منطقتي الخليل وبيت لحم، وإقامة ثلاث مدن جنوب نابلس والظاهرية والخليل[81]... ومشروع شارون أو العمود الفقري المزدوج، والذي يهدف إلى إقامة ثلاثة مراكز مدنية كبيرة في الضفة الغربية: الأول على مدخل القدس، والثاني بالقرب من الخليل من أجل دعم مستعمرة كريات أربع، والثالث في المثلث الشمالي للضفة[82]... وخطة دروبلس والتي دعت إلى إقامة مستعمرات زراعية على

السفوح الشرقية لجبال نابلس والخليل... وخطط توسيع الحي اليهودي في الخليل والتي تم إعدادها من قبل جمعية تطوير الحي اليهودي في الخليل، وتقضي ببناء 500 وحدة سكنية على ثلاث مراحل.

تشير إحصائيات الجهاز المركزي للإحصاء الفلسطيني إلى أن حزام الخليل الاستيطاني يضم 19 مستعمرة، ويعيش فيها حوالي 16,500 مستعمر[83]؛ بينما أشار تقرير لوزارة الإعلام في السلطة الوطنية الفلسطينية إلى أن عدد المستعمرات التي تنتشر في محافظة الخليل وتطوقها من جهاتها الأربع هي 27، تشغل ما مساحته 8 كم² من أراضي المحافظة، ويسكنها حوالي 18 ألف مستعمر، إضافة إلى خمس بؤر استيطانية دائمة في قلب البلدة القديمة من مدينة الخليل، يشغلها 530 من غلاة المستعمرين المتطرفين[84].

بالإضافة إلى ذلك كله فإن مخطط جدار الفصل العنصري سيبتلع 49% من أراضي محافظة الخليل، ويبقى ما يزيد على 60 ألف مواطن فلسطيني خارج الجدار. كما يظهر المخطط أن نحو 60% من أراضي المحافظة الصالحة للزراعة باتت مستهدفة بوضع اليد الإسرائيلية عليها ضمن الأراضي التي سيبتلعها الجدار والبالغة مساحتها 533 ألف دونم[85].

ب. حزام بيت لحم الاستيطاني:

تعود بداية الاستيطان في محافظة بيت لحم إلى أواخر عقد الستينيات من القرن العشرين، أي بعد قيام "إسرائيل" باحتلال الضفة الغربية مباشرة، فكانت مستعمرة كفر عصيون من أوائل المستعمرات التي غرست في الأرض الفلسطينية المحتلة سنة 1967، ثم أخذ الاستيطان بالانتشار وذلك ضمن سياسة واستراتيجية مبرمجة من أجل خدمة الأهداف الإسرائيلية، ومن ضمنها مشروع ما يسمى بالقدس الكبرى[86]. وذكر معهد أريج، في نيسان/ أبريل 2009، في تقرير له عن الاستيطان في محافظة الخليل، أن

عدد المستعمرات المنتشرة في محافظ الخليل هو عشرين مستعمرة، ويعيش فيها 86 ألف مستعمر، وتحتل مساحة قدرها 19.1 كم²، وتزيد مساحة هذه المستعمرات عن 52 كم². كما قامت "إسرائيل" منذ سنة 1996 وحتى سنة 2007 ببناء 19 بؤرة استيطانية في محافظة بيت لحم.[87]

يبلغ طول جدار العزل العنصري في محافظة بيت لحم 86.1 كم؛ وحتى منتصف سنة 2009 تم بناء 25.3 كم من الجدار. وسيعزل الجدار ما يزيد عن 23 ألف فلسطيني في منطقة الريف الغربي عن باقي مناطق محافظة بيت لحم. وسيعزل الجدار ما مساحته 160.7 كم² من أراضي المحافظة؛ وتشمل الأراضي المعزولة 113.8 كم² من الأراضي الزراعية و28 كم² من المناطق المفتوحة والغابات.[88]

ج. حزام رام الله الاستيطاني:

بدأت عمليات الاستيطان في محافظة رام الله والبيرة، من خلال استيلاء الجيش الإسرائيلي على معسكرات الجيش الأردني (سابقاً)، والتي استخدمت أول الأمر للأغراض العسكرية لقوات الاحتلال ثم جرت مصادرة آلاف الدونمات لتوسيع هذه المعسكرات.

أول مستعمرة أقيمت في رام الله هي مستعمرة عوفرا Ofra في 1975/1/20، على أراضي قريتي عين يبرود وسلواد، وتم توسيع هذه المستعمرة حتى بلغت 800 دونم. وتنتشر المستعمرات في رام الله على شكل حزام يحيط بالمنطقة، موزعاً على كافة الخطوط، ومحيطاً بكافة التجمعات السكنية في اللواء. وتعدّ المستعمرات في منطقة رام الله من أكبر المستعمرات في الضفة (باستثناء القدس)، وأوسعها انتشاراً.

ومنذ بداية تسعينيات القرن العشرين يتركز النشاط الاستيطاني في اتجاهين: استكمال الحزام الاستيطاني من جهة، ومصادرة أراض في قضاء رام الله لاستكمال مشروع القدس الكبرى، وشمل ذلك مصادرة أراض عقب أوسلو تتبع قرى: النبي صموئيل، بدو، الجيب بيت سوريك.[89]

تشير إحصائيات الجهاز المركزي للإحصاء الفلسطيني إلى أن عدد المستعمرين في محافظة رام الله والبيرة قد بلغ 96,364 مستعمراً في نهاية 2010، ويسكنون في 24 مستعمرة[90].

6. البؤر الاستيطانية:

شهدت سنة 1996 انطلاق أول البؤر الاستيطانية الإسرائيلية في الضفة الغربية بدعم غير مباشر من الحكومة الإسرائيلية، التي دفعت بالمستعمرين للاستيلاء على أراضي الفلسطينيين لتشييد نواة استيطانية تهدف إلى زيادة رقعة مساحة مستعمرات قائمة، أو لتكوين نواة جديدة لمستعمرات مزمع إقامتها. ويعدّ أريل شارون صاحب فكرة إنشاء البؤر الاستيطانية، حيث دعا المستعمرين للاستيلاء على أراضي فلسطينية مرتفعة وقريبة من المستعمرات حتى لا يتم تسليمها للفلسطينيين مستقبلاً ضمن أية عملية سياسية[91].

وعلى الرغم من أن الحكومات الإسرائيلية المتعاقبة لم تدخل في التصنيفات الإسرائيلية ضمن ما يسمى "مستعمرات قانونية" أو "مستوطنات قانونية"، فقد قامت بتوفير غطاء أمني لها ولوجستي لوجودها واستمرارها، وعلى وجه التحديد بعد سنة 2001، حين تولى شارون زمام الحكم وأطلق العنان لهذه البؤر، حيث بلغ عددها 232 بؤرة استيطانية إسرائيلية في سنة 2009، بحسب تقرير لمعهد أريج صدر في نيسان/ أبريل 2011[92]. والجدول التالي يوضح عدد البؤر الاستيطانية التي أقيمت في الفترة 1996-2009.

جدول رقم (2): عدد البؤر الاستيطانية التي أقيمت في الفترة 1996-2009[93]

الفترة الزمنية	عدد البؤر
2001-1996	79
2003-2001	60
2009-2003	93
المجموع	**232**

وأفاد تقرير نشرته حركة السلام الآن الإسرائيلية في 2009/5/31 أن 44% من الأراضي التي تقوم عليها البؤر الاستيطانية هي أراضي فلسطينية خاصة، وأن 80% من البؤر الاستيطانية، والتي أشار إلى أن عددها مائة مستعمرة، تقوم جزئياً أو بشكل كامل على أراض خاصة فلسطينية[94].

7. الطرق الالتفافية الإسرائيلية:

بدأ مصطلح "الطرق الالتفافية" بالظهور مع مرحلة اتفاقيات أوسلو في أيلول/ سبتمبر 1993 للإشارة إلى الطرق التي أقامها الإسرائيليون في الضفة الغربية المحتلة بهدف ربط المستعمرات الإسرائيلية بعضها البعض ومع "إسرائيل". ومنذ ذلك الحين، كثفت "إسرائيل" من جهودها لزيادة حجم الطرق الالتفافية في الأراضي الفلسطينية المحتلة في سنة 1967 كجزء من سياستها لفرض حقائق على أرض الواقع، والتي في النهاية ستؤثر على نتائج المفاوضات مع الفلسطينيين، بما في ذلك إنشاء دولة فلسطينية متصلة جغرافياً وقابلة للحياة. فخلال الفترة 1967-2010 تمكن الاحتلال الإسرائيلي من شق 875 كم من الطرق الالتفافية لتسهيل تواصل المستعمرات الإسرائيلية. ووفقاً لاتفاقيات أوسلو فقد سمح للفلسطينيين باستخدام هذه الطرق إلا أنه عقب اندلاع الانتفاضة الثانية في 2000/9/30، منعت سلطات الاحتلال الإسرائيلي الفلسطينيين من استخدام هذه الطرق تحت ذريعة "الدواعي الأمنية". وفي سنة 2004 قامت "إسرائيل" بطرح مخطط شبكة طرق مقترحة تعمل على تحويل سير الفلسطينيين من الطرق الالتفافية الإسرائيلية إلى شبكة طرق منفصلة كلياً عن الشوارع الالتفافية الإسرائيلية[95].

وتنقسم الطرق الالتفافية الإسرائيلية إلى ثلاثة أنواع:

- طرق خاضعة للاستخدام الإسرائيلي المطلق، والتي يمنع الفلسطينيون من استخدامها كلياً.

• طرق يسمح للفلسطينيين باستخدامها بقيود، وذلك بتصريح صادر عن الإدارة المدنية الإسرائيلية.

• طرق أخرى يمكن للفلسطينيين استخدامها، وتكون خاضعة لقيود نقاط التفتيش (الحواجز العسكرية) على مداخلها من قبل قوات الاحتلال الإسرائيلي، (انظر ملحق الخرائط: خريطة رقم 6)[96].

ثالثاً: آثار الاستيطان على المسار السياسي للقضية الفلسطينية

تعد سياسة بناء وتوسيع المستعمرات الإسرائيلية من أهم العقبات الأساسية أمام استئناف المفاوضات بين الفلسطينيين والإسرائيليين، حيث تسعى "إسرائيل" دائماً إلى كسب الوقت من خلال تمديد جولات المفاوضات مع الفلسطينيين، لتحقيق الأهداف الخفية الساعية إلى الاستيلاء على أكبر مساحة من الأراضي، واستمرار بناء وتوسيع المستعمرات الإسرائيلية في الضفة الغربية، لتحقيق حلمها المتمثل بالدولة اليهودية وعاصمتها القدس الموحدة إلى الأبد[97].

وقامت الاستراتيجية الإسرائيلية للتفاوض على استغلال موضع الاستيطان، لتحقيق مجموعة من الأهداف الرئيسية واستخدام المستعمرات كورقة مساومة بيد المفاوض الإسرائيلي، وتعتمد الاستراتيجية الإسرائيلية في هذا المجال على مجموعة من الأسس والركائز، أهمها[98]:

• محاولة إيجاد حالة من الغموض والبلبلة حول الموقف الإسرائيلي من الاستيطان.

• تأجيل البحث في المستعمرات إلى المراحل النهائية، مع عدم تقديم تعهدات بإزالة المستعمرات.

• العمل على فرض واقع إسرائيلي مادي وبشري، مثل توسيع المستعمرات...

• مواصلة عملية الاستيطان ما دامت التسوية النهائية بعيدة المنال.

• التركيز على أهمية المستعمرات في مشاريع التسوية الإسرائيلية.

1. الاستيطان ومشاريع التسوية السياسية:

يلاحظ أن هناك ترابطاً في حدود معينة بين مشاريع التسوية السياسية للمنطقة وبين عمليات الاستيطان، حيث تم التعرض لموضوع الاستيطان في 58% من المشاريع

التي طرحت خلال الفترة 1967-1989، والتي كان عددها 67 مشروعاً. ويظهر أن النصوص المتعلقة بالاستيطان في تلك المشاريع تراوحت ما بين رفض لسياسة الاستيطان المطالبة بإزالة المستعمرات، وما بين المطالبة بتجميدها، أو ترك مصيرها للقانون الدولي[99].

أما في الفترة منذ سنة 1990 حتى تاريخ تقديم الطلب الفلسطيني للجمعية العامة للأمم المتحدة لنيل العضوية الكاملة في الأمم المتحدة في أيلول/ سبتمبر 2011، والتي شملت على مجموعة من مشاريع التسوية والاتفاقيات ومجموعة المبادرات الخاصة بالتسوية، فقد نص إعلان المبادئ الفلسطيني الإسرائيلي بشأن الحكم الذاتي في 1993/9/13 على تأجيل موضوع المستعمرات إلى الحل النهائي، وفي الوقت نفسه وافقت "إسرائيل" على تحويل بعض الصلاحيات إلى الفلسطينيين، ولكن هذه الصلاحيات لم تشمل الأرض والاستيطان. أما اتفاقية القاهرة الموقعة في 1994/5/4، واتفاق طابا الموقع في 1995/9/28 فقد احتفظت "إسرائيل" بسيطرتها الأمنية على المناطق التي تشمل المستعمرات والقواعد العسكرية... وأكدت الاتفاقية على حماية المستعمرات، وعدم إخلاء أية مستعمرة خلال السنوات الخمس التالية للاتفاقية، مع التعهد بعدم إقامة مستعمرات جديدة. وفي اتفاقية واي ريفر Wye River Agreement في 1998/10/23، واتفاقية شرم الشيخ في 1999/9/4 لم يتم التعرض لمسألة الاستيطان والمستعمرات باعتبارها من المسائل المتعلقة بالحل النهائي[100].

ونص تقرير لجنة ميتشل[101] Mitchell Commission في نيسان/ أبريل 2001 أنه:

> على الحكومة الإسرائيلية مسؤولية في إعادة بناء الثقة، إذ سيكون من الصعب تكريس وقف العنف الفلسطيني – الإسرائيلي ما لم تجمد الحكومة الإسرائيلية كافة نشاطات البناء الاستيطاني، ويتعين على الحكومة الإسرائيلية أن تفكر ملياً في ما إذا كانت المستعمرات، التي تشكل نقاط إثارة لخلافات جوهرية، موضوعاً لمقايضات ذات قيمة في المناقشات اللاحقة، أو الاستفزازات محتملة تحول دون الشروع في أية مفاوضات مثمرة.

هذا الموضوع مثير للخلاف طبعاً. فسوف ينظر كثير من الإسرائيليين إلى توصيتنا على أنها تعبير عن الواقع وسوف يدعمونها، وسوف يعارضها آخرون، ولكن لا يجب السماح للنشاطات الاستيطانية بأن تحبط استعادة الهدوء والعودة إلى المفاوضات[102].

أما وثيقة تنيت Tenet Document في 2001/6/14، فلم ترد فيها أي إشارات لقضية المستعمرات، وطالبت خريطة الطريق Road Map (2003/4/3) بتجميد النشاط الاستيطاني، وذلك انسجاماً مع تقرير ميتشل، وأكدت على ضرورة أن تفكك "إسرائيل" المواقع الاستيطانية التي أقيمت منذ آذار/ مارس 2001[103].

ومع بداية سنة 2006 نشر رئيس تحرير جريدة معاريف Ma'ariv بالاشتراك مع كبير مراسليها ما أسماه بالخطة السياسية الحقيقية التي كانت تعدُّ في الأشهر الأخيرة، استعداداً للولاية المقبلة لحزب كاديما، وذلك قبل أن يصاب شارون بالجلطة الدماغية؛ وتقوم الخطة على أساس أنها بديل عن خريطة الطريق، وتستند إلى عدة أفكار أهمها[104]:

• إتمام بناء الجدار العازل، وإخلاء تدريجي للمستعمرات مع الإبقاء على الكتل الاستيطانية الكبيرة الستة.

• لا يتوقع أن يزيد الخلاف بين تل أبيب وواشنطن عن 8 إلى 12% من مساحة الضفة التي ستضمها "إسرائيل" إلى أراضيها.

وخلال افتتاحه مؤتمر "أنابوليس" في 2007/11/27 طالب الرئيس الأمريكي جورج بوش George Bush "إسرائيل" بإظهار التزامها بإقامة دولة فلسطينية من خلال وقف أنشطة التوسع الاستيطاني، وإنهاء احتلال الأراضي التي استولت عليها سنة 1967[105]. كما دعا رئيس السلطة الفلسطينية محمود عباس إلى اتخاذ إجراءات مباشرة وملموسة على الأرض تبرهن "أننا على طريق لا عودة عنه باتجاه السلام الشامل والكامل"، يترجم بوقف الأنشطة الاستيطانية وإزالة البؤر الاستيطانية

والحواجز وإطلاق الأسرى، وتسهيل مهمة السلطة الفلسطينية في فرض النظام وسلطة القانون[106].

2. تأثير الاستيطان على المفاوضات الفلسطينية الإسرائيلية:

على الرغم من انطلاق قطار المفاوضات الفلسطينية الإسرائيلية في بداية تسعينيات القرن الماضي، والتي نتج عنها توقيع اتفاق أوسلو في أيلول/ سبتمبر 1993، إلا أن الحكومات الإسرائيلية استمرت في سياسة توسيع الاستيطان، وفتح الشوارع الالتفافية، وإصدار الأوامر العسكرية القاضية بوضع اليد على الأراضي الفلسطينية. واستمر التوسع الاستيطاني في مناطق محددة أكثر من مناطق أخرى، وذلك بغية تنفيذ الرؤية الإسرائيلية للمرحلة النهائية للحدود والمستعمرات. واستناداً إلى تقارير حركة السلام الآن Peace Now، فقد تزايد عدد المستعمرين منذ سنة 1992 من 107 آلاف مستعمر إلى 145 ألف مستعمر منتصف سنة 1996، وهي الفترة التي انتهت فيها رئاسة حزب العمل للحكومة برئاسة شمعون بيريز Shimon Peres، كما تم بناء أو استكمال بناء عشرة آلاف وحدة سكنية، وأقيمت ضمن مفهوم القدس الكبرى أربعة آلاف وحدة سكنية جديدة[107].

أما في مرحلة حكومة الليكود 1996-1999 فقد أوجز رئيس الحكومة آنذاك بنيامين نتنياهو سياسة الاستيطان بأنها "تستند إلى أفكار التسوية النهائية، وهي وسيلة هامة لتحديد حدود إسرائيل والحفاظ على الأمن"، وأضاف "كما نؤيد بناء المستعمرات على طول الشوارع الالتفافية، ويجب أن تتطور على جوانبها وليس على رؤوس الجبال، وبناء المستعمرات على طولها يمكنها من الوصل الجغرافي وتشكيل كتل استيطانية"[108].

وجاءت حكومة العمل برئاسة إيهود باراك Ehud Barak لتستمر في سياسة إقامة المستعمرات الجديدة وتوسيع القائم منها. فقد طرأ ارتفاع حاد في بناء المستعمرات خلال الربع الأول من سنة 2000، حيث بلغت نسبة الزيادة 81%، ففي الشهور

الثلاثة الأولى من سنة 2000 كان هناك ألف بداية بناء، مقابل 550 بداية بناء في الربع الأخير من سنة 1999[109].

وعندما وصل أريل شارون إلى السلطة كان مشروعه في جوهره مشروعاً أمنياً، و لم يعرض سوى حكم ذاتي للفلسطينيين على 40-45% من الضفة الغربية، وكان هناك شبه إجماع في التيارات الإسرائيلية السياسية الرئيسية التي تصنع القرار على الإبقاء على الكتل الاستيطانية الرئيسية في الضفة الغربية[110].

ومع استلام إيهود أولمرت الحكم خلفاً لشارون في بداية سنة 2006 استمرت "إسرائيل" في مشروعها الاستيطاني، فعملت على زيادة أعداد المستعمرين وبناء المزيد من الوحدات السكنية؛ وذلك في عملية توسيع المستعمرات لتلتهم بذلك مساحات شاسعة من الأراضي الفلسطينية المحتلة في سنة 1967. وكانت القناعات الإسرائيلية تتزايد بضرورة تجاوز مشروع "خريطة الطريق"، والاتجاه بشكل أكثر وضوحاً وحسماً نحو فرض الحل الأحادي الجانب. و لم تعد فكرة الانسحاب أحادي الجانب خاصة بحزب كاديما، وإنما أخذت تجد لها أشكال دعم متفاوتة لدى مختلف التيارات الصهيونية المحسوبة على اليسار والوسط واليمين، وإن كان ذلك بديباجات مختلفة[111].

يعترف الاستراتيجيون الإسرائيليون، حسبما خلص إليه مؤتمر هرتسليا Herzliya Conference في سنة 2006، بأن معضلة "إسرائيل" تكمن في التوفيق بين ضرورة وجود دولة يهودية ديموقراطية، تتمتع بأغلبية يهودية مريحة، وما يعني ذلك من تنازل عن أجزاء مما يسمونه "أرض إسرائيل" وبناء دولة فلسطينية، بهدف التخلص من العبء السكاني الفلسطيني؛ وبين الحاجة لحماية وجود اليهود على "أرض إسرائيل"، وما يعني ذلك من دعم لمشاريع الاستيطان والتوسع اليهودي، واستمرار احتلال أراضي "الدولة الفلسطينية" الموعودة، وما يترتب على ذلك من ضرورات أمنية[112].

وفي سنة 2007 استمرت سياسة التوسع الاستيطاني والبناء في الكتل الاستيطانية الكبرى على الرغم من أن مجموعة من المبادرات السياسية قد طرحت في "إسرائيل"

بتشجيع من السياسة الأمريكية الباحثة عن تسجيل إنجاز واضح وملموس بعد العثرات والخيبات المتتالية، وأهم تلك المبادرات يمكن إيجازها على النحو الآتي[113]:

• **مبادرة بيريز:** وهي المبادرة التي بلورها شمعون بيريز قبل أيام من تسلّمه الرئاسة في تموز/ يوليو 2007، وتتضمن موافقة إسرائيلية على أن تنقل إلى سلطة الدولة الفلسطينية أراض بحجم 100% من المساحة التي احتلت في حرب 1967، على أن تحتفظ الدولة العبرية بكتل استيطانية تمتد على 5% من أراضي الضفة، في مقابل تعويض مماثل للفلسطينيين في صحراء النقب. وهذا لا يحجب في نظر بيريز احتمال إجراء تبادل الكتل الاستيطانية مع كتل مماثلة تضم بعض المدن والقرى العربية الواقعة ضمن الأراضي التي احتلت في سنة 1948.

• **مبادرة حاييم رامون:** وهو نائب رئيس الوزراء الإسرائيلي، يصف خطته بأنها انطواء بالاتفاق، وبموجبها تنسحب "إسرائيل" من 70% من أراضي الضفة الغربية وتفكك بعض المستعمرات المعزولة، على أن يعقب ذلك تحديد موعد للمفاوضات على التسوية الدائمة. والخطة تستند على موافقة فلسطينية رسمية من الرئيس محمود عباس عليها حتى لا تظهر وكأنها انسحاب أحادي الجانب مشابه لما تم تنفيذه في قطاع غزة في سنة 2005.

• **إعلان مبادئ إيهود أولمرت:** وهو رئيس الوزراء الإسرائيلي، والتي ألمح فيها أولمرت إلى أن "إسرائيل" ستكون مستعدة للانسحاب من 90% من أراضي الضفة، وستوافق على ممر آمن بين الضفة الغربية وقطاع غزة. وفي مقابل إبقاء الكتل الاستيطانية الكبرى في الضفة، يميل أولمرت إلى الموافقة على تسليم الفلسطينيين أراضي مماثلة مع استعداد لإعطاء الفلسطينيين السيطرة على أحياء نائية في ضواحي القدس لتكون عاصمة للدولة الفلسطينية، مع سيطرة مشتركة على الأماكن المقدسة.

• **خطة تسيبي ليفني:** وهي وزيرة الخارجية الإسرائيلية، أعلنتها في أواخر سنة 2006، والتي تشير فيها إلى أن "إسرائيل" مستعدة للتنازل عن حوالي 90% من

الأراضي المحتلة سنة 1967، ليصار بعد ذلك إلى إجراء تعديلات حدودية تشمل تبادل أراض بين "إسرائيل" والدولة الفلسطينية[114].

وبعد انعقاد مؤتمر أنابوليس في أواخر سنة 2007 الذي أكد المتحدثون فيه على ضرورة وقف الاستيطان، حرص كل من الجانبين الفلسطيني والإسرائيلي على استئناف المفاوضات، حيث اتفق رئيس السلطة الفلسطينية محمود عباس ورئيس الوزراء الإسرائيلي إيهود أولمرت في 2008/1/8 على "الاستئناف الفوري لمفاوضات الوضع النهائي"[115]، وقال أولمرت إنه قد لا يكون لدى "إسرائيل" أي خيار سوى القبول بتقسيم القدس في أي اتفاق سلام مع الفلسطينيين. وأضاف أنه "حتى العالم المتعاطف مع إسرائيل ويدعم فعلاً إسرائيل يفكر في مستقبلها ضمن حدود 1967 ويتحدث عن تقسيم للقدس". غير أن أولمرت ذكر أنه يجب التوصل إلى تسوية حول أجزاء مما أسماها "أرض إسرائيل"، وذلك "لحماية الطابع اليهودي والديمقراطي للدولة". وأوضح أنه يرى أن أي اتفاق تسوية دائم مع الفلسطينيين يجب أن "يعترف بمستوطنة معالية أدوميم الواقعة بالضفة الغربية جزءاً لا يتجزأ من القدس ومن إسرائيل"[116].

وذكر الرئيس عباس في 2008/1/24 أن المفاوضات لم تحقق أي شيء حتى الآن، مؤكداً أن الاستيطان من أهم العقبات أمام عملية السلام[117]. كما أعلن رئيس الوفد الفلسطيني إلى مفاوضات الوضع النهائي أحمد قريع أن القيادة الفلسطينية أيدت بالإجماع "وقف المفاوضات مع الجانب الإسرائيلي، بعد المجازر التي ترتكبها الحكومة الإسرائيلية ضدّ الشعب الفلسطيني في قطاع غزة، واستمرار النشاطات الاستيطانية الإسرائيلية في القدس"[118]. غير أن الرئيس عباس حرص على تأكيد أن المفاوضات هي خياره الوحيد، وأكد أن الخطوة التالية للسلطة، عقب فشل الإدارة الأمريكية في الضغط على "إسرائيل" لوقف الاستيطان، أنه "ليس أمامنا من خيارات أخرى سوى أن نستمر في المفاوضات"[119].

وفي أعقاب قراره الاستقالة من منصبه، والدعوة لانتخابات على رئاسة حزب كاديما؛ ألقى إيهود أولمرت، في 2008/9/14 خطاباً أعلن فيه أن حلم اليمين الإسرائيلي

"أرض إسرائيل الكبرى لليهود" قد انتهى، وهاجم المستعمرين المتطرفين الذين ينفذون اعتداءات همجية على الفلسطينيين، ودعا إلى إقامة السلام الكامل مع الفلسطينيين والسوريين فوراً. وقال: "بعد الكثير من العناء والتردد، توصلت إلى القناعة بأن علينا أن نتقاسم الأرض مع من فيها. لا نريد دولة واحدة لشعبين"[120].

ومن جهته أعلن رئيس حزب الليكود بنيامين نتنياهو، أنه يريد تقسيم الضفة الغربية المحتلة إلى مجموعة من المناطق الاقتصادية غير المترابطة. وأشار في مقابلة مع جريدة فاينانشال تايمز البريطانية الاقتصادية إلى أنه، وفقاً لرؤيته، سيسمح للفلسطينيين بالاستمرار في البقاء داخل مراكزهم السكانية، أما الأجزاء الأخرى من الضفة الغربية مثل وادي نهر الأردن فإنها "ينبغي أن تظل تحت السيطرة الإسرائيلية". وأكد أن "هذه المناطق تعتبر مهمة جداً بالنسبة إلينا لأنها تمثل حزامنا الأمني الاستراتيجي"[121].

وعندما استلم باراك أوباما منصبه كرئيس للولايات المتحدة الأمريكية في 2009/1/20 أعطى اهتماماً ملحوظاً وتركيزاً خاصاً للعملية السياسية في الشرق الأوسط، وركز في خطاب ألقاه في جامعة القاهرة في 2009/6/4 على ضرورة وقف الاستيطان الإسرائيلي[122].

غير أن جهود إدارته اصطدمت بالتعنت الإسرائيلي، وخصوصاً بعد تشكيل حكومة برئاسة بنيامين نتنياهو، الذي ألقى خطاباً في جامعة بار إيلان Bar-Ilan University في حزيران/ يونيو 2009، أبدى فيه موافقةً على قيام دولة فلسطينية، لكنه أرفق ذلك بجملة من الشروط التعجيزية جعلت منها موافقة شكلية، ومن هذه الشروط تأكيده على أن "إسرائيل" بحاجة إلى حدود قابلة للدفاع عنها، أي رفض العودة لحدود الرابع من حزيران/ يونيو 1967، وعلى أن القدس عاصمة "دولة إسرائيل" وستبقى موحدة عبر استمرار منح حرية العبادة لكل الأديان، وشدد على أن موضوع الأراضي يبحث في التسوية النهائية، ومع الالتزام بعدم بناء مستعمرات جديدة أو مصادرة أراضي لتوسيع المستعمرات القائمة[123].

40

وأقدمت حكومة نتنياهو بعد أشهر من الممانعة على تعليق جزئي ومؤقت للاستيطان، لمدة عشرة أشهر بدأت في أواخر تشرين الثاني/ نوفمبر 2009، ولا يشمل القدس والوحدات الاستيطانية قيد البناء ولا المرافق العامة.

ومن جهته، ذكر الرئيس عباس في خطابه أمام المجلس الوطني الفلسطيني في 2009/11/5 أن القيادة الفلسطينية ترفض استئناف المفاوضات مع "إسرائيل"، ما لم تلتزم بثلاثة التزامات واردة في خريطة الطريق، ومن هذه الالتزامات تجميد الاستيطان تجميداً تاماً، بما في ذلك النمو الطبيعي، وخصوصاً في مدينة القدس. وأكد عباس على أن لا شرعية لبقاء المستعمرات فوق أراضي الدولة الفلسطينية، وأشار إلى إمكانية إجراء تبادل للأراضي بالقيمة والمثل دون المساس بالحقوق المائية أو التواصل الجغرافي والربط ما بين الضفة الغربية وقطاع غزة[124].

وأشار الاتحاد الأوروبي European Union (EU) في بيان أصدره في 2009/12/8 إلى أن المستعمرات والجدار العازل الذي شيد فوق أراض محتلة، وهدم المنازل وإخراج الناس من منازلهم، هي كلها ممارسات غير مشروعة بموجب القانون الدولي، وتشكل عقبة في طريق السلام، وتهدد بجعل الحل القائم على دولتين أمراً مستحيلاً[125].

وكانت سنة 2010 سنة مخيبة للآمال بالنسبة لمصير الجهود التي بذلت لاستئناف المفاوضات وإحياء ما يسمى عملية السلام، لأن هذه الجهود، حيث عجزت إدارة أوباما عن إقناع حكومة نتنياهو حتى بمجرد تمديد جزئي ومؤقت للاستيطان مقابل مكاسب سياسية وأمنية وعسكرية.

وفي واقع الأمر فإن البناء لم يتوقف أو يتجمد، حيث تشير إحصائيات معهد الأبحاث التطبيقية - القدس (أريج) إلى أن "إسرائيل" قامت خلال فترة تجميد الاستيطان المزعومة، والتي بدأت في 2009/11/25 واستمرت لمدة عشرة أشهر، ببناء 1,819 بناية في الضفة الغربية.بما في ذلك مدينة القدس، تشمل 7,276 وحدة سكنية تم بناؤها على مساحة 902 ألف م²، هذا إلى جانب إضافة 1,433 من البيوت المتنقلة (كرفانات)[126].

41

ونتيجة لفشل استئناف المفاوضات الفلسطينية الإسرائيلية توجهت قيادة منظمة التحرير الفلسطينية إلى مجلس الأمن لطلب العضوية الكاملة لدولة فلسطين في الأمم المتحدة، حيث أعلن الرئيس محمود عباس في 2011/9/23، في خطابه أمام الجمعية العامة للأمم المتحدة خلال انعقاد دورتها الـ 66 في نيويورك، أن كل الجهود والمساعي الصادقة، التي بذلت منذ سنة من أجل إنجاح المفاوضات كانت تتحطم دائماً على صخرة مواقف الحكومة الإسرائيلية. وأكد أن جوهر المسألة أن الحكومة الإسرائيلية ترفض اعتماد مرجعية للمفاوضات تستند إلى القانون الدولي وقرارات الأمم المتحدة، وهي تواصل وتصعد بشكل محموم عملية بناء المستعمرات فوق أراضي دولة فلسطين المستقبلية، وقال إن[127]:

الاستيطان يجسد جوهر سياسة تقوم على الاحتلال العسكري الاستيطاني لأرض الشعب الفلسطيني، مع كل ما يعنيه من استعمال للقوة الغاشمة والتمييز العنصري، فإن هذه السياسة التي تتحدى القانون الدولي الإنساني وقرارات الأمم المتحدة هي المسؤولة الأولى عن فشل وتعثر عملية السلام، وانهيار عشرات الفرص، ووأد كل الآمال الكبرى التي أطلقها توقيع اتفاق إعلان المبادئ عام 1993 بين منظمة التحرير الفلسطينية وإسرائيل لتحقيق سلام عادل يفتح تاريخاً جديداً لمنطقتنا.

إن تقارير بعثات الأمم المتحدة وبعض المؤسسات والجمعيات الأهلية الإسرائيلية، تقدم صورة مرعبة عن حجم الحملة الاستيطانية التي لا تتردد الحكومة الإسرائيلية في التفاخر بتنفيذها عبر المصادرة الممنهجة للأراضي الفلسطينية، وطرح العطاءات لبناء آلاف الوحدات الاستيطانية الجديدة وبخاصة في أراضي القدس العربية، وفي مختلف مناطق الضفة الغربية، وعبر بناء جدار الفصل الذي يلتهم مساحات واسعة من أراضينا، مقسماً إياها إلى جزر معزولة، ملحقاً بذلك آثاراً مدمرة بحياة عشرات الألوف من الأسر الفلسطينية.

رابعاً: آثار الاستيطان على التنمية الفلسطينية

لقد أصبحت المستعمرات الإسرائيلية في الضفة الغربية من أبرز مظاهر التشويه، والتدمير للبيئة، والاقتصاد، والحياة الاجتماعية الفلسطينية، بل وأخطرها على الإطلاق، فالاستيطان يعني السيطرة على الأرض والموارد، وهو بهذا يشكل ذروة الاحتلال، وجوهر الفلسفة التي قامت عليها دولة "إسرائيل"[128]. وتمثلت هذه السيطرة في هدم المنازل، واقتلاع الأشجار، وتجريف الأراضي الزراعية ومصادرتها.

1. آثار الاستيطان على التنمية الاقتصادية:

قدرت وزارة الاقتصاد الفلسطيني في تقرير أصدرته بالتعاون مع معهد الأبحاث التطبيقية – القدس (أريج)، الخسائر الاقتصادية الناتجة عن الاحتلال الإسرائيلي خلال سنة 2010 بـ 6.897 مليار دولار. وأشار التقرير إلى أن تلك الخسائر تعادل نحو 85% من الناتج المحلي الفلسطيني. وذكر أن الخسائر الاقتصادية نتيجة الحصار الإسرائيلي على قطاع غزة بلغت 1.9 مليار دولار، والناتجة عن القيود الإسرائيلية على قطاع المياه 1.9 مليار دولار، والقيود على الموارد الطبيعية 1.8 مليار دولار، والمنافع والتكاليف 493 مليون دولار، وعلى قطاع الاستيراد والتصدير 288 مليون دولار، والقيود على حرية الحركة والتنقل 184 مليون دولار، وخسائر القطاع السياحي في البحر الميت بلغت 143 مليون دولار، ونتيجة اقتلاع الأشجار بلغت الخسائر 138 مليون دولار. ورأت الجهتان أنه دون وجود الاحتلال بإمكان السلطة استخدام الفائض (المبلغ الناجم عن الخسائر) بشكل ينهي الاعتماد على المساعدات الخارجية، ودون القيود والمنع الذي يمارسه الاحتلال الإسرائيلي على حرية الوصول لنهر الأردن والبحر الميت، ودون القيود المفروضة على الوصول للطبقات الصخرية والمائية في الضفة الغربية، فإن السلطة ستكون قادرة على كسب 1.9 مليار دولار إضافياً من القطاع الزراعي، و1.2 مليار دولار من الموارد المعدنية[129].

الزراعة: شكل الاستيطان الإسرائيلي ومصادرة الأراضي العنصر الرئيسي في الفلسفة الصهيونية، وقد أثرت على الزراعة الفلسطينية، حيث قامت السلطات الإسرائيلية بضرب قطاع الزراعة بتخفيض الأسعار، والسيطرة على المصادر المائية، والقضاء على الأصناف البلدية من الإنتاج النباتي من الأشجار والخضروات والحبوب، كما تم إضعاف البنية التحتية للزراعة خاصة في مسألة شق الشوارع الزراعية وإمكانية وصول الفلاح الفلسطيني إلى أرضه. وقد قامت المستعمرات وشوارعها الالتفافية المتعددة الأغراض على حساب مساحات واسعة من الأراضي الزراعية، وأغلقت مساحات أخرى من الأراضي بحجج أمنية، وأدى ذلك إلى خسائر لا حصر لها نتيجة فقدان المزارع لأرضه وعرقلة وصوله إليها. وفي نفس الوقت قامت بإغراق الأسواق الفلسطينية بالمنتجات الزراعية الإسرائيلية ذات المواسم المبكرة وبأسعار مدعومة من قبل الحكومة بغية القضاء على إنتاج الفلاح الفلسطيني [130].

ولا ننسى في هذا المجال سياسة قلع الأشجار التي بدأت مباشرة بعد حرب سنة 1967 وما تزال مستمرة، فقد أشارت دراسات قام بها معهد أريج في تشرين الأول/ أكتوبر 2009 إلى أن الاحتلال الإسرائيلي اقتلع أكثر من مليون شجرة مثمرة خلال الفترة 1967-1999، وأكثر من 1.6 مليون شجرة مثمرة من بداية انتفاضة الأقصى في سنة 2000 حتى تشرين الأول/ أكتوبر 2009، معظمها من أشجار الزيتون، وأدى ذلك إلى خسائر مادية على الزراعة في المدى البعيد [131]. وأشارت وزارة الإعلام الفلسطينية إلى أن سلطات الاحتلال الإسرائيلي قامت خلال الفترة 1993-2000 بجرف حوالي 22 ألف دونم مزروعة بالأشجار بحجة شق الشوارع الالتفافية لخدمة عملية السلام، كما جرفت خلال الفترة 2000-2009، وذلك بالتزامن مع اندلاع الانتفاضة الثانية، ما يقارب من 175,245 دونماً، واقتلعت حوالي 1.8 مليون شجرة معظمها من شجر الزيتون بحجة توسيع وبناء المستعمرات والطرق الالتفافية [132].

ومن الآثار السلبية للمستعمرات والمستعمرين على القطاع الزراعي سيطرة الاحتلال الإسرائيلي على أكثر من 82% من المياه الجوفية الفلسطينية، علماً بأن كمية

المياه التي يستعملها المستعمرون في الضفة الغربية.بما فيها القدس حوالي 123 مليون م³ سنوياً.للأغراض المنزلية والصناعية والزراعية، حيث إن المستعمرات الزراعية، والتي تقع 95% منها في منطقة الأغوار، وتبلغ مساحتها 68 ألف دونم تقريباً، تستنزف المصادر المائية الفلسطينية، وتستهلك 60 مليون م³ سنوياً. وأشار البنك الدولي إلى أن هناك إمكانية لزيادة نسبة مساهمة القطاع الزراعي الفلسطيني في الناتج المحلي الإجمالي بحوالي 10%، وإيجاد 110 ألف فرصة عمل جديدة في حال حصول الفلسطينيين على حقوقهم المائية من خلال زيادة المساحة الزراعية المروية إلى 700 ألف دونم بدلاً من 240 ألف دونم. كما تشكل مخلفات الصناعات الكيماوية للمستعمرات، والمياه العادمة، والنفايات الصلبة خطراً حقيقياً ومدمراً للزراعة الفلسطينية، حيث يتم طرحها في الوديان والأراضي الفلسطينية المحتلة في سنة 1967، بحيث تنساب إلى الأراضي الزراعية ملوثة الأراضي والمياه[133].

وأشار إسماعيل دعيق، وزير الزراعة الفلسطيني في الحكومة التي يرأسها سلام فياض، إلى أن قيمة الخسائر المباشرة التي لحقت بالقطاع الزراعي في الضفة الغربية وقطاع غزة لسنة 2009 نتيجة للاعتداءات الإسرائيلية المتكررة بلغت حوالي 400 مليون دولار[134].

الصناعة: الاستيطان الإسرائيلي في الضفة الغربية ليس استيطاناً بالمعنى السكاني، وإنما هو استيطان قائم على أساس إحلالي، إذ أقامت "إسرائيل" مناطق صناعية، وأعطتها امتيازات كبيرة، وتطورت بدرجة كبيرة جداً مع مرور الوقت. فحصلت هذه المستعمرات على امتيازات ذات أفضلية من الدرجة الأولى، من أجل أن تكون هدفاً لعمل المستعمرين، فأقيمت كبرى المناطق الصناعية في وسط الضفة الغربية (بركان Barkan، وكرني شمرون Karni Shamron)، وفي منطقة القدس (مشور أدوميم Mishor Adumim)؛ كما تم نقل كثير من المصانع إلى الضفة الغربية بسبب انخفاض تكاليف التشغيل، ورخص الأيدي العاملة، مضافاً إليها الامتيازات المقدمة من الحكومة[135].

وتعد مستعمرة عطروت التي أقيمت على أراضي قلنديا أول مستعمرة صناعية، وتقع شمال غرب القدس، وفيها 61 مصنعاً[136]. وتشير الإحصائيات إلى أن عدد المستعمرات الصناعية الإسرائيلية في الضفة الغربية قد بلغت عشرين مستعمرة (خمس في محافظة سلفيت، وأربع في محافظة قلقيلية، وثلاث في كل من محافظتي الخليل والقدس، ومستعمرتين في محافظة نابلس، ومستعمرة واحدة في كل من محافظات جنين وأريحا وبيت لحم)[137]. هذا بالإضافة إلى إنشاء ما لا يقل عن تسع مناطق صناعية داخل الأراضي الفلسطينية المحتلة في سنة 1967 على الحدود مع "إسرائيل" بقرار من حكومة الاحتلال، مكرسة بذلك سياسة الفصل العنصري[138].

وتنتج المستعمرات الإسرائيلية الصناعية والمصانع الحدودية أصنافاً وأنواعاً مختلفة من المنتجات، منها الغذائية (ما يزيد عن 43 صنفاً)، والمنزلية (ما يزيد عن 47 صنفاً)، بالإضافة إلى عشرات المنتجات الأخرى، ومن أهم هذه الصناعات: مصانع لدبغ الجلود، والغزل والنسيج، ومصانع الألمنيوم، والبلاستيك والدهان والسجاد والأسمدة والزيوت والالكترونيات، والبطاريات، والفيبرجلاس، وإعادة تدوير الزيوت، ومصانع الأقمشة والألبسة، ومصانع للطلاء الخاص بالمعادن، ومصانع المبيدات الحشرية لصهاريج الغاز، ومصانع عوازل الثلاجات والأفران[139].

أما أهم الأسباب التي دفعت الحكومات الإسرائيلية إلى نقل المصانع إلى الأراضي الفلسطينية المحتلة في سنة 1967 فهي[140]:

● خطورتها على البيئة والمجتمع الإسرائيليين.

● أداة فعالة لإضفاء شرعية لوجود المستعمرات في الأراضي الفلسطينية المحتلة في سنة 1967.

● عدم خضوع هذه المصانع لقانون العمل الإسرائيلي والالتزامات المترتبة عليه في التشغيل.

• استغلال الأيدي الفلسطينية العاملة بأجور زهيدة.

• عدم التزامها بمعايير الأمان والسلامة الصناعية.

الاتصالات: تسوق شركات هاتف النقال الإسرائيلي خدماتها في الأراضي الفلسطينية المحتلة في سنة 1967 بطريقة غير قانونية، إذ أنها غير مرخصة من السلطة الفلسطينية لبيع خدماتها، وتقوم الشركات الإسرائيلية ببناء الأبراج ومحطات التقوية في المستعمرات بحجة خدمة المستعمرين، إلا أنها تبيعها أيضاً لبعض الفلسطينيين. وتشير التقديرات في شباط/ فبراير 2010 إلى أن هناك حوالي 230 ألف مشترك فلسطيني يستخدمون النقال الإسرائيلي، أي ما يشكل 11% من السوق الفلسطيني. وبالإجمال فإن الخسائر الاقتصادية لخدمات الهاتف النقال الناجمة عن بيع خدمات هاتف النقال الإسرائيلي لا تقل عن 60 مليون دولار سنوياً. كما تبيع بعض شركات النقال الإسرائيلية خدمات الإنترنت مستفيدة من أبراجها في المستعمرات والمناطق الحدودية[141].

2. آثار الاستيطان على البيئة الفلسطينية:

لقد تركت المستعمرات الإسرائيلية آثاراً مدمرة طالت جميع عناصر البيئة الفلسطينية، فبالإضافة إلى مصادرة الأراضي ومنع المواطنين الفلسطينيين من دخولها وممارسة أنشطتهم المختلفة فإن هناك الكثير من مظاهر التدمير البيئي الفلسطيني من أبرزها: استنزاف المياه الفلسطينية، وتلوث المياه العادمة، وتلوث النفايات الصلبة، وتلوث الهواء، والضجيج، وتدمير التراث الحضاري[142].

استنزاف المياه الفلسطينية: لقد عملت "إسرائيل" منذ احتلال 1967 على حرمان الشعب الفلسطيني من حقوقه في المياه، ومن أجل سيطرتها الكاملة على المياه الفلسطينية، عمدت على إصدار العديد من الأوامر العسكرية التي تخفض في مجملها على تصرفها المطلق في المياه الفلسطينية، وتنص على ملكيتها للمياه في فلسطين، منها القرار الصادر في 1997/6/7، والذي ينص على أن "كافة المياه الموجودة في

الأراضي التي تم احتلالها مجدداً هي ملك لدولة إسرائيل". وجاء في قرار آخر صدر في 1967/8/15 "منح كامل الصلاحية بالسيطرة على كافة المسائل المتعلقة بالمياه المعنية من قبل المحاكم الإسرائيلية". وتبع هذه القرارات مجموعة من الإجراءات العملية لبسط السيطرة الإسرائيلية على مصادر المياه منها[143]:

- مصادرة الآبار الفلسطينية لصالح المستعمرات الإسرائيلية.

- تحديد مجرى نهر الأردن.

- سحب كميات كبيرة من المياه الفلسطينية من خلال حفر الآبار داخل المستعمرات الإسرائيلية.

- حجز مياه الأودية عن الوصول إلى المناطق الفلسطينية.

- نقل المياه من المناطق الفلسطينية إلى المدن الإسرائيلية.

- بناء المستعمرات الإسرائيلية فوق مصادر المياه الفلسطينية، ففي الضفة الغربية مثلاً تم بناء 70% من المستعمرات على حوض الخزان الشرقي.

وتشير الدراسات إلى أن 70% من المستعمرات تقع على حوض الخزان الشرقي في الضفة الغربية، و45% من المستعمرات تقع على مناطق حساسة جداً بالنسبة لتغذية الخزان الجوفي الجبلي في الضفة[144].

المياه العادمة: لقد أسهمت "إسرائيل" في إلحاق أضرار بالبيئة الفلسطينية عبر إهمالها شبكات الصرف الصحي في الأراضي الفلسطينية المحتلة في سنة 1967، ووفق الشروط الصحية اللازمة، حيث تقوم مستعمرات الضفة الغربية بضخ حوالي 40 مليون م[3] سنوياً، في حين أن كمية ما ينتجه المواطنون الفلسطينيون في الضفة الغربية 33.72 مليون م[3]، هذا بالإضافة إلى أن 90% من مساكن المستعمرات متصلة بشبكات صرف صحي، إلا أن نسبة ما يعالج منها لا تتجاوز 10% من كمية المياه المنتجة، وتصب المياه العادمة للمستعمرات في الأودية الفلسطينية، وفي حوض نهر الأردن، وفي الأراضي الزراعية الفلسطينية[145].

النفايات الخطرة: وتتكون هذه النفايات من: النفايات المشعة، والنفايات الطبية سواء أكانت نفايات سائلة أم صلبة، والنفايات الصناعية من المواد الكيماوية السامة مثل الرصاص، الزنك، النيكل...إلخ. وقد استخدمت "إسرائيل" الأراضي الفلسطينية المحتلة في سنة 1967 طوال سنوات احتلالها كمكان للتخلص من نفاياتها الخطرة، حيث عمدت إلى نقل العديد من مصانعها إلى داخل مستعمراتها في الضفة الغربية، كما استخدمت أكثر من خمسين موقعاً لإلقاء نفاياتها الخطرة فيها[146]. وتحوي المياه العادمة الصناعية الخارجة مثلاً من مستعمرة بركان وأرئيل الغربية الكثير من المواد الكيماوية الخطرة نذكر منها[147]:

- الرصاص ومركباته الخطرة، حيث ينتج هذا النوع من المركبات عن مصانع البطاريات، ومدابغ الجلود، ومصانع المبيدات الحشرية، والدهانات وبعض الصناعات العسكرية؛ وينتج عن وجود هذه المادة في الهواء أو في الماء أمراض خطرة مثل مرض فقر الدم، وتلف أنسجة الدماغ، وحدوث خلل في وظائف الكلى، وأمراض السرطان.

- الكاديميوم: وينتج عن هذا النوع عن مصانع صهر المعادن، ومعامل الطلاء الكهربائي، ويؤدي تعرض الإنسان له لمرض انتفاخ الرئة، وتليف في أنسجتها، وتلف في أنسجة الكلى، وسرطان الرئة.

- الزرنيخ: ويستخدم في صناعة المبيدات الحشرية، وقد يؤدي إلى الإصابة بمرض السرطان.

- الكروم: يستخدم في الصناعات الجلدية التي تفرز عنصر الكروم، والذي يعدّ من المواد المسرطنة، في المياه الخارجة من مدابغ الجلود.

النفايات الصلبة: أسهم الاحتلال الإسرائيلي عن طريق مستعمراته المنتشرة في الضفة الغربية في تلويث البيئة الفلسطينية عن طريق النفايات الصلبة الناتجة عن استخدامات المستعمرين سواء كانت ناتجة عن الأغراض المنزلية أو ناتجة عن الصناعات

الإسرائيلية. حيث تقوم المستعمرات الإسرائيلية بإلقاء النفايات الصلبة في أراضي الفلسطينيين في الضفة الغربية، كما هو الحال في منطقة أبو ديس، التي يوجد فيها مكب من أضخم المكبات حيث تقدر مساحته بثلاثة آلاف دونم، ومنطقة جيوس بالغرب من مدينة قلقيلية الذي يغطي مساحة 12 دونماً. ويشير البيان الثاني إلى بعض المستعمرات الإسرائيلية وأماكن التخلص من نفاياتها[148].

جدول رقم (3): بعض المستعمرات وأماكن التخلص من نفاياتها الصلبة

المستعمرة	أماكن التخلص من النفايات الصلبة
مستعمرة أرئيل	الأراضي الزراعية في سلفيت.
مستعمرة يتسار	منطقة العبدلي – أبو ديس – بجوار العيزرية – السواحرة.
ألون موريه	أراضي قرية عزموط في محافظة نابلس.

هذا وتسبب النفايات الصلبة مخاطر كثيرة، حيت تتسبب في تلويث مساحات واسعة من الأراضي الزراعية والتربة والمياه الجوفية، نتيجة عملية رشح السوائل الناتجة عن هذه النفايات إلى الخزان الجوفي، كما يسبب التخلص من النفايات عن طريق الحرق في تلوث الهواء. كما تتسبب المصانع الإسرائيلية التي تزايد عددها في المستعمرات، بأضرار كبيرة بالبيئة الفلسطينية، حيث وصل عددها إلى حوالي 200 مصنع لمختلف الصناعات الكيماوية. حيث إن هذه المصانع تنتج المواد السامة مثل الألمنيوم، والكروسيوم، والرصاص، والزنك، والنيكل، وتقوم بإلقائها في المياه العادمة للمستعمرات[149].

التلوث بالمواد الإشعاعية: تقوم "إسرائيل" بتطوير أسلحتها وذخائرها باستخدام مادة اليورانيوم، حيث تقوم بتجربة الذخائر المحتوية على اليورانيوم المستنفذ على المواطنين الفلسطينيين. وقد كشفت بعض المنظمات الدولية عن استخدام "إسرائيل" الذخائر وقذائف الدبابات المحتوية على مادة اليورانيوم ضد المواطنين الفلسطينيين، حيث تلحق أضراراً بالصحة العامة وتسبب أمراض السرطان

بأنواعه والتشوهات الخلقية عند الأجنة والأمراض المزمنة؛ حيث إن استخدام "إسرائيل" للذخائر والمقذوفات، وكذلك الدبابات التي تتجول في المناطق المحيطة بالمناطق الآهلة بالسكان، جعلت أراضي الضفة الغربية تتعرض إلى نشاط إشعاعي [150].

تدهور التضاريس وتلوث المسطحات المائية: لقد طالت الاعتداءات الإسرائيلية على البيئة الفلسطينية شكل سطح الأرض وعملت على تدهورها وتلويثها وقد شملت هذه الاعتداءات، انتشار مقالع الحجارة وانجراف التربة والتصحر، وتدهور تضاريس الساحل ثم تلويث مياه البحرين المتوسط والميت [151].

أ. مقالع الحجارة: لقد أنشأت إسرائيل ستة مقالع للحجارة في الضفة الغربية لقلع الصخور وتكسيرها لاستخدامها في قطاع البناء، إذ تقوم هذه المقالع بتغطية 80% من الاحتياجات الإسرائيلية. وتقع هذه المقالع في المناطق التالية: الظاهرية ودورا في الخليل، والدهيشة في بيت لحم، ويعبد في جنين، وجيوس وتسوفييم في قلقيلية. وتعمل هذه المقالع على تدهور التضاريس، وخاصة أنها لم تنشأ على أسس علمية ولا على أيدي خبراء جيولوجيين. وقد الأمر الذي يؤدي إلى [152]:

• إلحاق الضرر بالصحة العامة نتيجة الغبار الكثيف المتطاير ليصيب المناطق المجاورة للمقالع ويتسبب في الإصابة بالأمراض الصدرية.

• القضاء على التنوع الحيوي نتيجة تساقط الغبار على الأشجار والنباتات، وهذا يؤدي إلى إعاقة نموها، ويهدد المناطق التي حول المقالع بالتصحر، كما يدفع الصوت الناجم عن الآلات ووسائط النقل بالحيوانات البرية الابتعاد عن أماكن إقامتها الحالية وبالتالي هجرتها.

• استخدام أماكن قلع الحجارة كمكبات للنفايات الصلبة والمياه العادمة بعد الانتهاء منها.

• إحداث تلوث في الهواء وزيادة درجات الضجيج.

51

ب. تلوث التربة: تتعرض التربة الفلسطينية إلى أعمال التدمير من قبل القوات الإسرائيلية، الذي سيؤدي إلى انجرافها، وبالتالي زيادة ظاهرة التصحر. فقد قامت قوات الاحتلال الإسرائيلي بأعمال تجريف واسعة، بالإضافة إلى إزالة مساحات واسعة من الغابات بغرض إقامة المستعمرات وشق الطرق الالتفافية. إذ أن هذه الممارسات من شأنها أن تؤدي إلى تفكك التربة، وبالتالي يسهل على عوامل التعرية كالرياح والأمطار من جرفها[153].

تلوث المياه في البحر الميت: إن البحر الميت مهدد بخطر الجفاف، لانخفاض مستوى سطحه بمعدل 80-100 ملم سنوياً بسبب العديد من العوامل منها: قلة المياه الواردة إليه بسبب المشاريع المائية المقامة على نهر الأردن، وقيام "إسرائيل" بتحويل مياهه وروافده وتخزينها في بحيرة طبريا، ومن ثم نقلها إلى داخل "إسرائيل"، والأنشطة الصناعية الناتجة عليه سواء في الجانب الأردني أو الجانب الإسرائيلي، وإنشاء مشاريع سياحية على شواطئه[154].

الأضرار التي لحقت بالتنوع الحيوي: انعكست الاعتداءات الإسرائيلية على البيئة الفلسطينية بشكل خطير على التنوع الحيوي في فلسطين، حيث عمل تجريف الأراضي لإقامة المستعمرات وشق الطرق الالتفافية على إزالة المساحات الخضراء بعد إزالة النباتات والأشجار، ومساحات واسعة من الغابات، هذا يعني أن أعداداً كبيرة من أنواع النباتات قد اختفت و لم يسمح لها بالنمو مرة أخرى في نفس المنطقة. كما أدت أعمال التجريف إلى إزالة وهدم أماكن سكن الحيوانات البرية، حيث أدى إلى هروبها وهجرتها إلى أماكن أخرى، وأوجد حالة من التجزئة البيئية في فلسطين. كما أن الآثار الناجمة عن الملوثات البيئية الأخرى قد انعكست على نمو النباتات وتكاثر الحشرات وانتشار الأوبئة التي من شأنها أن تلقي بظلالها على الحياة الحيوانية البرية[155]. كما أدى استنزاف المياه إلى عدم قدرة النباتات والأشجار على النمو كما هو الحال في منطقة أريحا، التي تزايدت نسبة الأملاح في مياهها نتيجة تناقص كميات المياه، فأصبحت الأراضي هناك مهددة بالتصحر[156].

3. آثار الاستيطان على التنمية الاجتماعية:

تعددت الآثار التي ألحقها الاستيطان الإسرائيلي في الضفة الغربية على التنمية الاجتماعية الفلسطينية، فقد مس الحياة الاجتماعية للسكان، الأمر الذي أثر بشكل مباشر على التركيبة الاجتماعية للسكان؛ ومنها طرد الفلسطينيين من ممتلكاتهم ومصادرتها، والتواصل الاجتماعي، والتعليم.

هدم المنازل وطرد الفلسطينيين: قامت سلطات الاحتلال الإسرائيلي، خلال سنوات احتلالها للضفة الغربية، بحملة منهجية لهدم منازل الفلسطينيين في الأراضي المحتلة في سنة 1967، مع التركيز بصفة خاصة على شرقي القدس. وعقب التوقيع على اتفاقية أوسلو الثانية في سنة 1995، صعدت "إسرائيل" من حملتها ضد منازل الفلسطينيين، وبخاصة تلك الواقعة في المناطق المصنفة بمناطق "ج" (والتي تخضع للسيطرة الإسرائيلية الكاملة)، تحت ذريعة أن هذه المنازل تم بناؤها دون ترخيص صادر عن السلطات الإسرائيلية المختصة[157].

وأظهرت دراسة صادرة عن دائرة العلاقات القومية والدولية في منظمة التحرير الفلسطينية في حزيران/ يونيو 2009 أن سلطات الاحتلال هدمت ودمرت نحو 23,100 منزل فلسطيني منذ سنة 1967، في إطار سياسة التهجير والتطهير العرقي الذي تمارسه "إسرائيل" بحق الشعب الفلسطيني. وأشارت إلى أنه منذ سنة 2000 وحتى نهاية أيار/ مايو 2009 تم تدمير 13,400 منزل ومقر رسمي ودار عبادة ومقر تعليمي ومركز صحي ورياضي وثقافي في الضفة الغربية وقطاع غزة، وأضافت أن تلك السياسة أسفرت عن تشريد ما يزيد عن 170 ألف فلسطيني أصبحوا دون مأوى، فيما تم إلحاق الضرر بما يزيد عن 90 ألف منزل آخر[158].

التواصل الاجتماعي: كما كان للاستيطان تأثير مباشر على تواصل الفلسطينيين الاجتماعي، وأسهم في تمزيق التواصل الجغرافي والاجتماعي للفلسطينيين، فالحواجز العسكرية المنتشرة في الضفة الغربية، والتصاريح اللازمة لاجتيازها، وتقسيمها

إلى مناطق معزولة عن بعضها البعض، أدت إلى غياب أرباب الأسر الفلسطينية عن البيوت، مما يضطرهم للنوم في أماكن العمل، سواء داخل الأراضي الفلسطينية المحتلة سنة 1948، أو في المناطق الفلسطينية الأخرى، وهذا بالطبع يؤدي إلى خلخلة واضحة في الأسرة الفلسطينية. كذلك اضطرت بعض الأسر الفلسطينية لتغيير مناطق السكن الأمر الذي أدى إلى انقطاع هذه الأسر عن محيطها الاجتماعي، واضطرت للاندماج في مجتمع قد لا تتوافق معه اجتماعياً في بعض عاداته وتقاليده لا سيما فيما يتعلق بالسكن في القرية من قبل سكان المدينة أو العكس[159].

هذا بالإضافة إلى "الطرق الالتفافية"، التي فصلت التجمعات السكنية الفلسطينية عن بعضها البعض، فقد قامت الحكومة الإسرائيلية بعد اتفاقيات أوسلو بشقها لخدمة مستعمراتها في الضفة الغربية، حيث تمكن الاحتلال الإسرائيلي خلال الفترة 1967- 2010 من شق 875 كم من الطرق الالتفافية لتسهيل تواصل المستعمرات الإسرائيلية[160].

كما كان للجدار الفاصل الأثر الواضح في قطع التواصل بين الفلسطينيين، حيث عزل 733 كم² مربع من أراضي 138 قرية فلسطينية بمحاذاة الجدار في الضفة الغربية، وعزل 29 تجمعاً فلسطينياً بالكامل غرب الجدار، الأمر الذي سيتعين على المواطنين الفلسطينيين عبور نقاط تفتيش إسرائيلية على طول خط الجدار ليتسنى لهم الوصول إلى التجمعات الرئيسية حيث الخدمات الطبية والتعليمية وغيرها[161].

التعليم: كما شكل الاستيطان عقبة واضحة أمام مسيرة التعليم الفلسطينية في الضفة الغربية، فقد أعاقت الحواجز العسكرية والجدار العملية التعليمية خلال سنوات الاحتلال، وبالذات خلال انتفاضة الأقصى، فقد أشارت وزارة التربية والتعليم الفلسطينية إلى هذه الآثار من خلال الجدول التالي[162]:

جدول رقم (4): التعطيل في المدارس خلال السنة الدراسية 2003/5/30-2002/9/1

المحافظة	عددالمدارس المتعطلة	عدد الطلبة المتعطلين	عدد المعلمين والموظفين المتعطلين	عدد أيام التعطل	عدد أيام حظر التجول
رام الله	37	19,001	844	257	26
قلقيلية	35	17,485	711.5	329	42
جنين	47	23,785	946.5	816	62
أريحا	3	915	51.5	3	3
قباطية	28	13,588	589.5	77	12
بيت لحم	33	15,082	664	685	36
ضواحي القدس	13	4,583	255	34	5
جنوب الخليل	55	23,123	9,018	206	16
سلفيت	17	6,334	307	22	11
نابلس	94	38,413	1,760.5	2,506	71
طولكرم	51	23,603	1,011	856	47
الخليل	101	52,581	2,137	2,214	63

كما أن اكتمال بناء الجدار الفصل العنصري سيؤدي إلى تضرر 7,500 طالب من محافظات طولكرم وقلقيلية وجنين. ناهيك عن تدمير المدارس وتعرض مرافقها للأضرار، ومن ثم ستزداد تكلفة الدراسة نتيجة لانتقال الطلاب من أماكن سكنهم نحو مدارسهم التي ستقع بعد اكتمال البناء خارج قراهم هذه التكاليف المادية الناجمة عن الحاجة لاستخدام وسائل النقل، ستزيد الأمر سوءاً خاصة في ظل تردي الأوضاع الاقتصادية الفلسطينية بشكل عام[163].

هذا بالإضافة إلى الأعباء الاقتصادية التي سيتحملها الفلسطيني، نتيجة للحواجز العسكرية الإسرائيلية، واضطرار العديد من الطلبة الفلسطينية للركوب في أكثر من مواصلة من أجل الوصول إلى مدارسهم أو جامعاتهم. ومما زاد من صعوبة التنقل حالات الإعدام التي مارسها جنود الاحتلال في الضفة الغربية؛ ففي بيان صادر عن

وزارة التربية والتعليم الفلسطينية في 2002/4/9 نشرته جريدة القدس ورد أن أكثر من 200 طالب استشهدوا وهم على مقاعد الدراسة أو في طريقهم إليها منذ بداية انتفاضة الأقصى في أيلول/ سبتمبر 2000، وأن حوالي 180 مدرسة تعرضت للقصف، بالإضافة إلى 2,500 طالب أصيبوا بجراح تسببت في إعاقة دائمة، والكثير منهم يقفون على الحواجز العسكرية[164].

وفي سياق الآثار السلبية للجدار على التعليم في القدس، أظهرت دراسة للجهاز المركزي للإحصاء الفلسطيني والمركز الفلسطيني لمصادر حقوق المواطنة واللاجئين (بديل) أن 72.1% من الأسر التي لديها أفراد ملتحقون بالتعليم العالي اضطر أفرادها للتعطيل لعدة أيام عن الجامعة أو الكلية بسبب إغلاق المنطقة، وأن 69.4% من الأسر التي لديها أفراد ملتحقون بالتعليم الأساسي أو الثانوي اضطر أفرادها للتعطيل عن المدرسة[165]. وقد أثر الجدار كذلك على أوضاع الجامعات في القدس، فعلى سبيل المثال، فقد انخفض عدد الطلبة في الحرم الجامعي في بيت حنينا بنسبة 70% بسبب مصاعب الوصول إليه، وبات كافة الطلبة الذين يتابعون دراستهم فيه من حملة الهوية المقدسية حصراً[166].

خاتمة

استمرت "إسرائيل" في توسعها الاستيطاني دونما توقف في الأراضي الفلسطينية المحتلة في سنة 1967 على الرغم من توقيع الاتفاقيات الفلسطينية – الإسرائيلية، منذ أوسلو في أيلول/ سبتمبر 1993؛ حيث يرى الصهاينة أن الاستيطان حق طبيعي لليهود، يجب المحافظة عليه واستمراره، وتوسيعه بشكل غير محدد برقعة واضحة. لذلك فإن التوسع الاستيطاني تصدر برامج الأحزاب، وأثر بشكل كبير على الخطاب السياسي والأمني؛ وسعت "إسرائيل" بشكل دائم لجعل ملف الاستيطان بعيداً عن طاولة المفاوضات أو ضمن نصوص المعاهدات والاتفاقيات الدولية، أو حتى ضمن الوعود التي تطلقها من وقت لآخر.

وفي إطار عملية التسوية السلمية تجاوز المفاوض الفلسطيني والإسرائيلي التوجهات والمفاهيم الخطرة التي يشكلها الاستيطان على مستقبل القضية الفلسطينية وعلى الدولة الفلسطينية، من فكرة إزالة الاستيطان إلى أفكار جديدة مثل وقف الاستيطان، ومنع التوسيع الاستيطاني، وإزالة البؤر الاستيطانية، وضم المستعمرات للكيان الإسرائيلي في سياق عملية تبادل للأراضي...إلخ.

لقد أثر الاستيطان بشكل كبير على حياة الفلسطينيين من الناحية السياسية والأمنية، وأثر على الاقتصاد الفلسطيني في مجالات الزراعة والمياه والصناعة والعمالة الفلسطينية، وظهرت تأثيراته أيضاً على البيئة من أرض ونبات وهواء وخاصة مخلفات المستعمرات، كما كانت التأثيرات الاجتماعية للاستيطان واضحة على حياة الفلسطينيين، وفرضت واقعاً جغرافياً جديداً في الضفة الغربية، معوقاً لبناء الدولة الفلسطينية على حدود 1967.

يثبت السلوك الاستيطاني الإسرائيلي في الضفة الغربية عدم جدية "إسرائيل" في تحقيق تسوية سياسية تستجيب للحد الأدنى لمطالب القيادة السياسية الفلسطينية

لمنظمة التحرير وللسلطة في رام الله. ويكشف أن "إسرائيل" تعمل تحت غطاء التسوية والمفاوضات لفرض الحقائق على الأرض من خلال برامج الاستيطان والتهويد في الضفة الغربية وخصوصاً في شرق القدس.

الهوامش

[1] محسن صالح، **القضية الفلسطينية: خلفياتها التاريخية وتطوراتها المعاصرة**، طبعة مزيدة ومنقحة (بيروت: مركز الزيتونة للدراسات والاستشارات، 2012)، ص 21-23.

[2] محسن صالح، **فلسطين: دراسات منهجية في القضية الفلسطينية**، سلسلة دراسات فلسطينية 1 (الجيزة: مركز الإعلام العرب، 2003)، ص 29-30.

[3] صالح، **القضية الفلسطينية: خلفياتها التاريخية وتطوراتها المعاصرة**، ص 24.

[4] صالح، **فلسطين: دراسات منهجية في القضية الفلسطينية**، ص 30.

[5] المرجع نفسه، ص 30-31.

[6] موقع فلسطين بالعربية، خرائط، المدن العربية الرئيسية والمستوطنات اليهودية في فلسطين 1881-1914، انظر: http://www.palestineinarabic.com/home.html

[7] صالح، **فلسطين: دراسات منهجية في القضية الفلسطينية**، ص 32.

[8] المرجع نفسه، ص 35-36.

[9] موقع فلسطين بالعربية، خرائط، نسبة ملكية الأراضي في الأقضية 1946.

[10] صالح، **فلسطين: دراسات منهجية في القضية الفلسطينية**، ص 36.

[11] المرجع نفسه، ص 36.

[12] جوني منصور، جذور فكرة الترحيل، موقع الجزيرة.نت، 2007/5/2، انظر: http://www.aljazeera.net/Portal

[13] غريغوري خليل، السياسات الإسرائيلية في الأراضي المحتلة، في كميل منصور (محرر)، **دليل إسرائيل العام 2011** (بيروت: مؤسسة الدراسات الفلسطينية، 2011)، ص 665.

[14] المرجع نفسه، ص 669.

[15] خالد عايد، الوجود الاستيطاني في الأراضي المحتلة، في كميل منصور (محرر)، إسرائيل: **دليل عام 2004** (بيروت: مؤسسة الدراسات الفلسطينية، 2004)، ص 581 و583.

[16] المرجع نفسه، ص 583-586.

[17] Settlement Facts, Foundation for Middle East Peace, Settlement Report, vol. 12, no. 7, March 2002, www.fmep.org

[18] By Hook and by Crook: Israeli Settlement Policy in the West Bank, The Israeli Information Center for Human Rights in the Occupied Territories – B'Tselem, July 2010, http://www.btselem.org

[19] موقع فلسطين بالعربية، خرائط، اتفاق أوسلو 2، 1995.

[20] موسى الدويك، "استراتيجية الاستيطان الصهيوني في الأراضي العربية المحتلة بعد عام 1967،" مجلة **المستقبل العربي**، مركز دراسات الوحدة العربية، العدد 216، شباط/ فبراير 1997، بيروت، ص 35-36.

[21] المرجع نفسه، ص 37.

[22] غوش إمونيم، المعجم السياسي، موقع الكنيست الإسرائيلي، انظر: http://www.knesset.gov.il/main/arb/home.asp

[23] الدويك، مرجع سابق، ص 37.

[24] الرؤية الإسرائيلية لمستقبل المستوطنات، وكالة الأنباء والمعلومات الفلسطينية (وفا)، انظر: http://www.wafainfo.ps/index.aspx

25 الدويك، **مرجع سابق**، ص 47.

26 الرؤية الإسرائيلية لمستقبل المستوطنات، وكالة وفا.

27 خليل التفكجي، الاستيطان الإسرائيلي في الأراضي المحتلة.. واقع وإشكاليات، الجزيرة.نت، 2004/10/3.

28 المرجع نفسه.

29 المرجع نفسه.

30 المرجع نفسه.

31 باحث في مركز يافا للدراسات الإسرائيلية.

32 خليل التفكجي، مرجع سابق.

33 المرجع نفسه.

34 الدويك، **مرجع سابق**، ص 43.

35 موقع الجهاز المركزي للإحصاء الفلسطيني، بيان صحفي حول المستعمرات الإسرائيلية في الأراضي الفلسطينية، 2011/8/3، انظر: http://www.pcbs.gov.ps

36 By Hook and by Crook: Israeli Settlement Policy in the West Bank, B'Tselem.

37 معهد الأبحاث التطبيقية – القدس (أريج)، "إضفاء الشرعية على ما هو غير شرعي: مخططات هيكلية جديدة لخمس مستوطنات إسرائيلية في الأراضي الفلسطينية المحتلة،" موقع رصد أنشطة الاستيطان الإسرائيلي في الأراضي الفلسطينية (POICA)، 2011/4/3، انظر: http://www.poica.org

38 الجهاز المركزي للإحصاء الفلسطيني، بيان صحفي حول المستعمرات الإسرائيلية في الأراضي الفلسطينية.

39 المرجع نفسه.

40 المرجع نفسه.

41 أريج، "المستوطنات الإسرائيلية في الضفة الغربية تشهد توسعاً ملحوظاً خلال فترة التجميد الإسرائيلي المزعوم،" موقع رصد أنشطة الاستيطان الإسرائيلي في الأراضي الفلسطينية (POICA)، 2011/2/8.

42 المرجع نفسه.

43 المرجع نفسه.

44 أريج، معهد أريج يرصد التوسعات الاستيطانية الإسرائيلية خلال الأعوام 2006-2009، موقع رصد أنشطة الاستيطان الإسرائيلي في الأراضي الفلسطينية (POICA)، 2009/8/24.

45 أريج، "السياسات الإسرائيلية تجاه الأراضي في الأغوار،" موقع رصد أنشطة الاستيطان الإسرائيلي في الأراضي الفلسطينية (POICA)، 2010/9/14.

46 جريدة **الحياة**، لندن، 2006/2/15.

47 أريج، "السياسات الإسرائيلية تجاه الأراضي في الأغوار."

48 المرجع نفسه.

49 المرجع نفسه.

50 المرجع نفسه.

51 الدويك، **مرجع سابق**، ص 34.

52 أكرم أبو عمرو، "الاستيطان الإسرائيلي بين الجغرافيا والديموغرافيا إستراتيجية تحكمها الأيديولوجيا،" جريدة **الحوار المتمدن**، العدد 3010، 2010/5/20، انظر:

http://www.ahewar.org/debat/nr.asp

[53] Khaleej Times Online، 25/5/2011، http://www.khaleejtimes.com/index00.asp

[54] Statistical Abstract of Israel 2011, The Central Bureau of Statistics (Israel), http://www1.cbs.gov.il/reader/?MIval=cw_usr_view_Folder&ID=141

[55] أبو عمرو، مرجع سابق.

[56] المرجع نفسه.

[57] أحمد الشجاع، الضفة الغربية: قصة وقصاصات – الحلقة الثانية: الاستيطان اليهودي، موقع عودة ودعوة، 2010/11/22، انظر: http://www.awda-dawa.com/Default.aspx

[58] Statistical Abstract of Israel 2011, The Central Bureau of Statistics (Israel).

[59] الشجاع، مرجع سابق.

[60] موقع منظمة التحرير الفلسطينية، دائرة المفاوضات، الجدار والمستوطنات الإسرائيلية في الضفة الغربية المحتلة، 2007/3/1، انظر: http://www.nad-plo.org/arabic.php

[61] إبراهيم عبد الكريم، التوجهات والممارسات الصهيونية إزاء التراث الحضاري والثقافي للقدس، في محسن صالح (محرر)، **دراسات في التراث الثقافي للقدس** (بيروت: مركز الزيتونة للدراسات والاستشارات، 2010)، ص 429-430.

[62] أريج، تعزيز المساعي لتهويد مدينة القدس المحتلة جغرافيا و ديموغرافيا، إسرائيل تصادق على مشروع قانون يعتبر القدس "منطقة ذات أولوية وطنية"، موقع رصد أنشطة الاستيطان الإسرائيلي في الأراضي الفلسطينية (POICA)، 2010/10/26.

[63] جريدة **القدس**، القدس، 2008/2/13.

[64] أريج، تعزيز المساعي لتهويد مدينة القدس المحتلة جغرافيا وديموغرافيا، إسرائيل تصادق على مشروع قانون يعتبر القدس "منطقة ذات أولوية وطنية".

[65] مركز أبحاث الأراضي وأريج، الانتهاكات الإسرائيلية في محافظات الضفة الغربية بما فيها محافظة القدس خلال فترة التجميد المزعوم، موقع رصد أنشطة الاستيطان الإسرائيلي في الأراضي الفلسطينية (POICA)، 2010/10/2.

[66] مركز أبحاث الأراضي وأريج، "بالتزامن مع إطلاق المفاوضات المباشرة" تعزيز الاستيطان الإسرائيلي في الأراضي الفلسطينية المحتلة، موقع رصد أنشطة الاستيطان الإسرائيلي في الأراضي الفلسطينية (POICA)، 2010/9/17.

[67] مركز أبحاث الأراضي وأريج، مخططات استيطانية لبناء 12,000 وحدة سكنية استعمارية في القدس، موقع رصد أنشطة الاستيطان الإسرائيلي في الأراضي الفلسطينية (POICA)، 2010/10/1.

[68] جريدة **السفير**، بيروت، 2010/3/10، و2010/6/16.

[69] جريدة **الاتحاد**، أبو ظبي، 2010/7/29.

[70] موقع عرب 48، 2010/11/11، انظر: http://www.arabs48.com

[71] ARIJ and LRC, Israel Approves more Settlement Construction in East Jerusalem Settlements, POICA.

[72] مركز أبحاث الأراضي وأريج، عقبات جديدة في طريق السلام "إسرائيل تدفع بمخططات استيطانية جديدة في عدد من المستوطنات الإسرائيلية في القدس الشرقية والضفة الغربية"، موقع رصد أنشطة الاستيطان الإسرائيلي في الأراضي الفلسطينية (POICA)، 2010/11/10.

73 جريدة **الغد**، عمّان، 2010/2/13.

74 مركز أبحاث الأراضي، 66 عائلة يهودية جديدة تسكن في رأس العمود، موقع رصد أنشطة الاستيطان الإسرائيلي في الأراضي الفلسطينية (POICA)، 2010/11/20.

75 ARIJ, Israel Approves more Settlement Construction in East Jerusalem, Settlements, POICA, 13/3/2010.

76 جريدة **الأيام**، رام الله، 2010/5/13.

77 محسن صالح (محرر)، **التقرير الاستراتيجي الفلسطيني لسنة 2010** (بيروت: مركز الزيتونة للدراسات والاستشارات، 2011)، ص 285.

78 مركز أبحاث الأراضي – القدس، القدس تحت الاحتلال في عامها 2010، موقع رصد أنشطة الاستيطان الإسرائيلي في الأراضي الفلسطينية (POICA)، 2011/1/18.

79 الجهاز المركزي للإحصاء الفلسطيني، بيان صحفي حول المستعمرات الإسرائيلية في الأراضي الفلسطينية.

80 الدويك، **مرجع سابق**، ص 35.

81 صلاح أبو الرب، الاستيطان الصهيوني في منطقة الخليل 1967-2000، جامعة النجاح – كلية الدراسات العليا، 2005، انظر: http://www.najah.edu

82 الدويك، **مرجع سابق**، ص 45.

83 الجهاز المركزي للإحصاء الفلسطيني، بيان صحفي حول المستعمرات الإسرائيلية في الأراضي الفلسطينية.

84 محافظة الخليل – حقائق/ إحصائيات وأرقام، موقع وزارة الإعلام – السلطة الوطنية الفلسطينية، 2009/6/4، انظر: http://www.minfo.ps/arabic/index.php?pagess=home

85 الاستيطان في الضفة الغربية، موقع وزارة الإعلام – السلطة الوطنية الفلسطينية، 2009/3/1.

86 جاد إسحق وعيسى زبون، الاستيطان في محافظة بيت لحم، موقع اللجنة التنفيذية لمنظمة التحرير الفلسطينية – المكتب الوطني للدفاع عن الأرض ومقاومة الاستيطان، تشرين الثاني/ نوفمبر 2001، انظر: http://www.nbprs.ps/page.php?do=show&action=istetan22

87 أريج، الهجمة الاستيطانية على محافظة بيت لحم خلال عقود الاحتلال الإسرائيلي، موقع رصد أنشطة الاستيطان الإسرائيلي في الأراضي الفلسطينية (POICA)، 2009/4/14.

88 المرجع نفسه.

89 التوزيع الاستيطاني في فلسطين، موقع اللجنة التنفيذية لمنظمة التحرير الفلسطينية – المكتب الوطني للدفاع عن الأرض ومقاومة الاستيطان.

90 الجهاز المركزي للإحصاء الفلسطيني، بيان صحفي حول المستعمرات الإسرائيلية في الأراضي الفلسطينية.

91 أريج، معهد الأبحاث التطبيقية – أريج يكشف حقيقة البؤر الاستيطانية الإسرائيلية في الضفة الغربية، موقع رصد أنشطة الاستيطان الإسرائيلي في الأراضي الفلسطينية (POICA)، 2005/10/15.

92 أريج، "إضفاء الشرعية على ما هو غير شرعي: مخططات هيكلية جديدة لخمس مستوطنات إسرائيلية في الأراضي الفلسطينية المحتلة،" موقع رصد أنشطة الاستيطان الإسرائيلي في الأراضي الفلسطينية (POICA)، 2011/4/3.

[93] أريج، 232 بؤرة استيطانية عقبة في طريق السلام: إسرائيل تواصل المراوغات السياسية بشأن المستوطنات والبؤر الاستيطانية، موقع رصد أنشطة الاستيطان الإسرائيلي في الأراضي الفلسطينية (POICA)، 2009/5/29.

[94] The Jerusalem Post newspaper, 1/6/2009, http://www.jpost.com

[95] أريج، "السياسات الإسرائيلية تجاه الأراضي في الأغوار."

[96] "التهجير وانعدام الأمن في المنطقة (ج) في الضفة الغربية،" الأمم المتحدة، مكتب تنسيق الشؤون الإنسانية - الأراضي الفلسطينية المحتلة (أوتشا)، آب/ أغسطس 2011، انظر:
http://www.ochaopt.org

[97] خلدون أبو السعود، أثر بناء وتوسيع المستوطنات الإسرائيلية على مفاوضات الوضع النهائي على القدس، جريدة القدس، 2008/2/13.

[98] نظام بركات، الاستيطان وفرص الحرب والسلام، في ذياب مخادمة وموسى الدويك (محرران)، **الاستيطان اليهودي وأثره على مستقبل الشعب الفلسطيني** (عمّان: مركز دراسات الشرق الأوسط، 2006)، ص 222-223.

[99] المرجع نفسه، ص 224.

[100] المرجع نفسه، ص 225-226.

[101] لجنة ميتشل لتقصي الحقائق تشكلت في مؤتمر سلام الشرق الأوسط الذي انعقد في شرم الشيخ بمصر في تشرين أول/ أكتوبر 2000 لبحث أسباب اندلاع انتفاضة الأقصى، وكانت برئاسة السيناتور الأميركي السابق جورج ميتشل.

[102] تقرير لجنة شرم الشيخ لتقصي الحقائق، مركز الإعلام الفلسطيني، 2001/5/1، انظر:
http://www.palestine-pmc.com

[103] نظام بركات، **مرجع سابق**، ص 226-227.

[104] حلمي موسى، "شارون يقترح بديلاً لخريطة الطريق ووصاية أمريكية على السلطة،" السفير، 2006/1/3.

[105] جريدة **الخليج**، الشارقة، 2007/11/28.

[106] **الحياة**، 2007/11/28.

[107] خليل التفكجي، مرجع سابق.

[108] المرجع نفسه.

[109] المرجع نفسه.

[110] محسن صالح وبشير نافع (محرران)، **التقرير الاستراتيجي الفلسطيني لسنة 2005** (بيروت: مركز الزيتونة للدراسات والاستشارات، 2006)، ص 70.

[111] محسن صالح (محرر)، **التقرير الاستراتيجي الفلسطيني لسنة 2006** (بيروت: مركز الزيتونة للدراسات والاستشارات، 2007)، ص 94 و257.

[112] المرجع نفسه، ص 94.

[113] ماجد عزام، صيف المبادرات الإسرائيلية: كل الطرق تؤدي إلى حائط مسدود، **الحياة**، 2007/9/7.

[114] **الحياة**، 2006/11/19.

[115] **الحياة**، 2008/1/9.

[116] The Jerusalem Post, 1/1/2008.

117 جريدة **عكاظ**، جدة، 2008/1/25.

118 جريدة **الوطن**، السعودية، 2008/3/2.

119 **الحياة**، 2008/3/20.

120 جريدة **الشرق الأوسط**، لندن، 2008/9/15.

121 **الحياة**، 2008/10/8.

122 وكالة رويترز، 2009/6/4، انظر: http://ara.reuters.com

123 موقع مكتب رئيس الوزراء الإسرائيلي، 2009/6/14، انظر: http://www.pmo.gov.il/PMOAR

124 **الأيام**، رام الله، 2009/11/6.

125 Council of the European Union, Council conclusions on the Middle East Peace Process, 2985th Foreign Affairs Council meeting, Brussels, 8/12/2009, http://consilium.europa.eu

126 أريج، "المستوطنات الإسرائيلية في الضفة الغربية تشهد توسعاً ملحوظاً خلال فترة التجميد الإسرائيلي المزعوم."

127 وكالة وفا، 2011/9/23.

128 بعثة جامعة الدول العربية لدى جمهورية الصين الشعبية، "المستوطنات الإسرائيلية سرطان في الأراضي العربية المحتلة،" انظر: http://www.arableague-china.org/arabic/index.htm

129 The economic costs of the Israeli occupation for the occupied Palestinian territory, A bulletin published by the Palestinian Ministry of National Economy in cooperation with the Applied Research Institute- Jerusalem (ARIJ), September 2011, http://www.arij.org/publications/Economic%20Cost%20of%20Occupation.pdf

130 بعثة جامعة الدول العربية لدى جمهورية الصين الشعبية، "المستوطنات الإسرائيلية سرطان في الأراضي العربية المحتلة."

131 ARIJ, A Ritual Act on every Olive Harvest Season "150 Olive Trees Destroyed by Israeli Settlers in Burin Village south of Nablus Governorate," Monitoring Israeli Colonizing activities in the Palestinian Territories (POICA), 3/10/2009.

132 ملف مصادرة الأراضي الزراعية، موقع وزارة الإعلام – السلطة الوطنية الفلسطينية، 2009/10/11.

133 إسماعيل دعيق، "أثر المستوطنات على القطاع الزراعي الفلسطيني،" جامعة القدس المفتوحة، مؤتمر "الصناعات الإسرائيلية في المناطق الحدودية والمستوطنات الإسرائيلية: جسور سلام وتنمية اقتصادية أم دمار للإنسان والبيئة؟!"، 13-2010/2/14، انظر: http://www.qou.edu/arabic

134 المرجع نفسه.

135 على الحساسنة، "الآثار السلبية للصناعات الإسرائيلية في المناطق الحدودية والمستوطنات على الاقتصاد الفلسطيني،" جامعة القدس المفتوحة، مؤتمر "الصناعات الإسرائيلية في المناطق الحدودية والمستوطنات الإسرائيلية: جسور سلام وتنمية اقتصادية أم دمار للإنسان والبيئة؟!".

136 لؤي عبده، "السلام والدولة في مواجهة الاستيطان،" اللجنة الوطنية للتربية والثقافة والعلوم، انظر: http://www.pncecs.org/ar

137 أريج، لماذا يجب مقاطعة بضائع المستوطنات الإسرائيلية، موقع رصد أنشطة الاستيطان الإسرائيلي في الأراضي الفلسطينية (POICA)، 2009/7/17.

138 جابر الطميزي، "مناطق الموت البطيء!!!،" مركز دمشق للدراسات النظرية والحقوق المدنية، 2008/1/12، انظر: http://www.dctcrs.org

139 أيسر طعمه، "أثر المصانع الإسرائيلية على البيئة الفلسطينية في الأراضي الفلسطينية،" جامعة القدس المفتوحة، مؤتمر "الصناعات الإسرائيلية في المناطق الحدودية والمستوطنات الإسرائيلية: جسور سلام وتنمية اقتصادية أم دمار للإنسان والبيئة؟!".

140 المرجع نفسه.

141 عمار العكر، "أثر الاستيطان على قطاع الاتصالات الفلسطينية ومستقبلها،" جامعة القدس المفتوحة، مؤتمر "الصناعات الإسرائيلية في المناطق الحدودية والمستوطنات الإسرائيلية: جسور سلام وتنمية اقتصادية أم دمار للإنسان والبيئة؟!".

142 "المخاطر التي تهدد المياه الفلسطينية،" الجزيرة.نت، 2005/8/11.

143 أثر الاستيطان الإسرائيلي على المياه في فلسطين، وكالة وفا.

144 المرجع نفسه.

145 أثر المستعمرات الإسرائيلية على البيئة الفلسطينية، موقع وزارة الإعلام – السلطة الوطنية الفلسطينية، 2009/3/1.

146 المرجع نفسه.

147 أشرف زهد، "الاستيطان الإسرائيلي وتأثيراته على البيئة،" جامعة القدس المفتوحة، مؤتمر "الصناعات الإسرائيلية في المناطق الحدودية والمستوطنات الإسرائيلية: جسور سلام وتنمية اقتصادية أم دمار للإنسان والبيئة؟!".

148 أثر المستعمرات الإسرائيلية على البيئة الفلسطينية، موقع وزارة الإعلام – السلطة الوطنية الفلسطينية.

149 المرجع نفسه.

150 أثر المستعمرات الإسرائيلية على البيئة الفلسطينية، وكالة وفا.

151 المرجع نفسه.

152 المرجع نفسه.

153 أثر المستعمرات الإسرائيلية على البيئة الفلسطينية، موقع وزارة الإعلام – السلطة الوطنية الفلسطينية، 2009/3/1.

154 المرجع نفسه.

155 أثر المستعمرات الإسرائيلية على البيئة الفلسطينية، وكالة وفا.

156 المرجع نفسه.

157 مركز أبحاث الأراضي، هدم المنازل الفلسطينية في الأراضي الفلسطينية المحتلة، موقع رصد أنشطة الاستيطان الإسرائيلي في الأراضي الفلسطينية (POICA)، 2010/2/1.

158 مركز الإعلام الفلسطيني.

159 بلال إبراهيم، "الاستيطان الإسرائيلي في الضفة الغربية وأثره على التنمية السياسية،" جامعة النجاح الوطنية – كلية الدراسات العليا، أطروحة ماجستير، نوقشت وأجيزت في 2010/10/11.

160 أريج، "السياسات الإسرائيلية تجاه الأراضي في الأغوار."

161 أريج، جدار العزل العنصري يستهدف أراضي قرية فلامية في قلقيلية، موقع رصد أنشطة الاستيطان الإسرائيلي في الأراضي الفلسطينية (POICA)، 2009/12/22.

[162] موقع وزارة التربية و التعليم والعالي – فلسطين، "أثر الاحتلال الإسرائيلي على التربية والتعليم منذ 2000/9/28-2006/1/20،" انظر: http://www.mohe.gov.ps

[163] "جدار الفصل العنصري: الهاجس السرطاني الذي يتفشى في الأراضي الفلسطينية ويدمر فكرة بناء الدولة،" موقع وزارة الإعلام – السلطة الوطنية الفلسطينية، 2009/5/2.

[164] الآثار النفسية والسلوكية للانتفاضة على الأطفال، موقع مركز القدس للحقوق الاجتماعية والاقتصادية JCSER، انظر: http://www.jcser.org

[165] الجهاز المركزي للإحصاء الفلسطيني والمركز الفلسطيني لمصادر حقوق المواطنة واللاجئين (بديل)، مسح أثر جدار الضم والتوسع وتبعاته على النزوح القسري للفلسطينيين في القدس، حزيران/ يونيو 2006، رام الله، فلسطين.

[166] أوتشا، **الجدار الفاصل في الضفة الغربية وآثاره الإنسانية على التجمعات السكانية الفلسطينية: القدس الشرقية**، حزيران/ يونيو 2007، ص 35.

ملحق الخرائط

خريطة رقم (1): المدن العربية الرئيسية والمستعمرات اليهودية في فلسطين 1881-1914

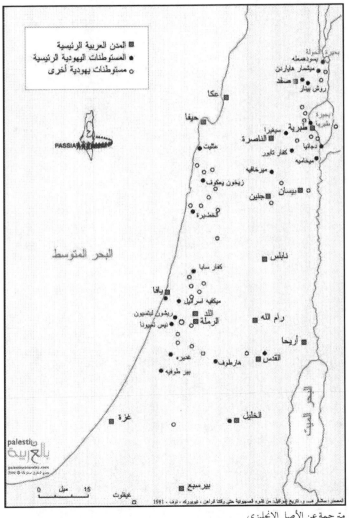

مترجمة عن الأصل الإنجليزي
الحقوق محفوظة للجمعية الأكاديمية الفلسطينية للشؤون الدولية PASSIA.

67

خريطة رقم (2): ملكية الأراضي في الأقضية الفلسطينية في سنة 1946

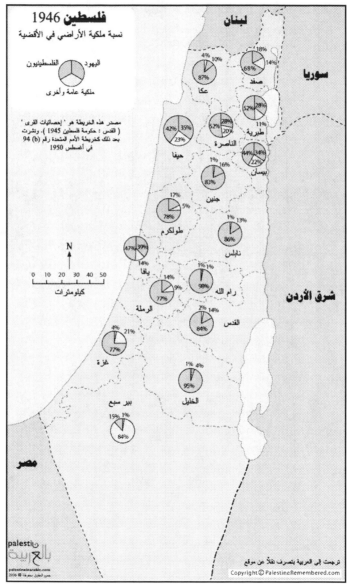

خريطة رقم (3): المستعمرات الإسرائيلية في
الضفة الغربية في سنة 1995

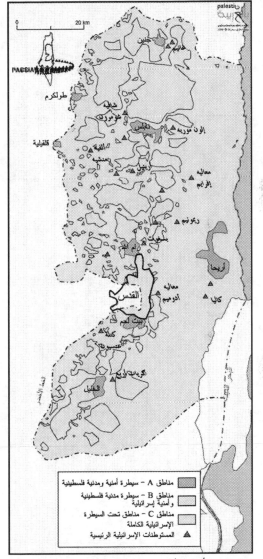

مترجمة عن الأصل الإنجليزي
الحقوق محفوظة للجمعية الأكاديمية الفلسطينية للشؤون الدولية PASSIA.

خريطة رقم (4): المستعمرات الإسرائيلية في الضفة الغربية في سنة 2007 ويظهر من خلالها المحاور الاستيطانية الثلاثة

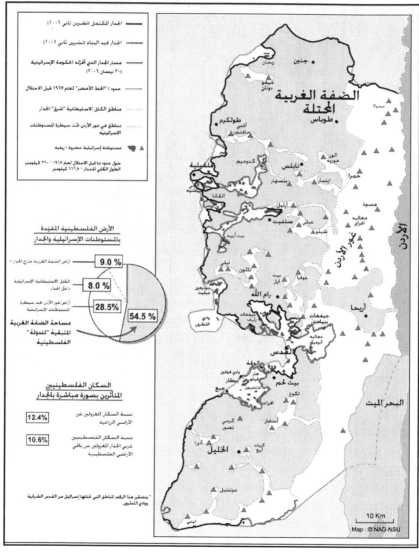

إعداد وحدة دعم المفاوضات — دائرة شؤون المفاوضات.

خريطة رقم (5): المستعمرات الإسرائيلية في القدس

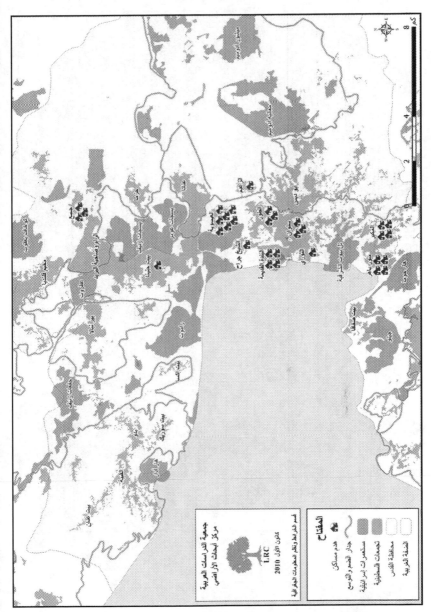

خريطة رقم (6): مستعمرات الضفة الغربية 2011

Printed in the United States
By Bookmasters